Josefa, Maria Imma Mack

Warum ich Azaleen liebe

Erinnerungen an meine Fahrten
zur Plantage des KZ Dachau
von Mai 1944 bis April 1945

Zeitgeschichte

Zeitgeschichte
Ullstein Buch Nr. 33147
im Verlag Ullstein GmbH,
Frankfurt/M – Berlin

Ungekürzte Ausgabe
Mit 28 Abbildungen

Umschlagentwurf:
Hansbernd Lindemann
Unter Verwendung einer Abbildung
vom Bildarchiv Preußischer
Kulturbesitz, Berlin
(Blick auf die Lagerstraße des
KZ Dachau; Quelle: Dallas Memorial
Center)

Printed in Germany 1991
Druck und Verarbeitung:
Ebner Ulm
ISBN 3 548 33147 5

Juli 1991

CIP-Titelaufnahme
der Deutschen Bibliothek

Mack, Josefa Maria Imma:
Warum ich Azaleen liebe:
Erinnerungen an meine Fahrten zur
Plantage des KZ Dachau von Mai
1944 bis April 1945 / Josefa Maria
Imma Mack. – Ungekürzte Ausg. –
Frankfurt/M; Berlin: Ullstein, 1991
(Ullstein-Buch; Nr. 33147:
Zeitgeschichte)
ISBN 3-548-33147-5
NE: GT

Inhalt

»Wahrlich, wenn die Not am größten,
dann ist Gottes Hilfe allzeit auch am nächsten!
Sollten wir da nicht bereitwillig unsere Hände anbieten,
zu helfen, wo noch zu helfen ist?«

M. Theresia Gerhardinger, Gründerin der Kongregation der A. Schulschwestern v. U. L. Fr.

Geleitwort

Die grausamen Verbrechen im KZ Dachau während der Zeit des Nationalsozialismus sind weitgehend bekannt. Doch nur wenige wissen, wie viele Menschen unter dem Einsatz ihres Lebens den Häftlingen direkt oder indirekt geholfen haben.

Schwester Maria Imma Mack hat auf Bitten vieler niedergeschrieben, was sie als junge Frau an der Hintertür des KZ, am Eingang zur Plantage, erlebt hat.

Fast zufällig kam die damals 20jährige Josefa im Mai 1944 mit dem KZ und dem furchtbaren Schicksal der Häftlinge in Berührung, als sie gebeten wurde, dort Pflanzen abzuholen. Bald begriff sie, was hinter den Mauern vor sich ging und in welche Gefahr sie sich selbst durch ihre Besuche brachte. Trotzdem nahm sie Woche für Woche den Weg von Freising nach Dachau auf sich, brachte Brot, Trost und Verbindung zur Außenwelt. Das Leben in der Gemeinschaft der Armen Schulschwestern in Freising und ihr Glaube an Gottes Führung und Schutz gaben ihr die Kraft für dieses Wagnis der Liebe.

Ich danke Schwester M. Imma Mack für die Bereitschaft, ihre persönlichen Erfahrungen mitzuteilen. Ein besonderer Dank gilt Schwester M. Alicia Blattenberger, die mitgeholfen hat, die vielen Eindrücke und Schilderungen schriftlich festzuhalten und das Manuskript zu erstellen.

Möge dieses Dokument gelebten Glaubens dazu beitragen, aus einem der dunkelsten Abschnitte unserer Geschichte zu lernen und wachsam zu bleiben — und mögen aus diesem Buch viele Menschen, besonders die Jugend, Mut gewinnen, ungewöhnliche Wege zu gehen, um Hungrige zu speisen, Gefangene zu besuchen und Verzweifelten Hoffnung zu bringen.

München, den 24. Oktober 1988

M. Brigitta Wex

Provinzoberin
der A. Schulschwestern v. U. L. Fr.

Anlaß zu diesem Bericht

Im Juli 1986 bat mich Frau Monika Glockann, Mentorin an der Technischen Universität München, vor einer Gruppe von katholischen Studierenden und deren englischen Gästen von der katholischen Hochschulgemeinde London über meine Erfahrungen im KZ Dachau zu berichten und ihre Fragen zu beantworten. Prälat Höck hatte sie an mich verwiesen und ich glaubte, nicht ablehnen zu dürfen. Frau Glockann machte mich aufmerksam, daß sie vorher mit der Gruppe das KZ Dachau besucht habe. Die jungen Leute hätten sich wohl sehr für den Karmel dort interessiert, viel weniger jedoch für das Lager und die Erläuterungen im Museum. Die 30—40 Studentinnen und Studenten, zu denen ich sprechen sollte, waren jetzt offensichtlich neugierig, was ihnen eine Klosterfrau zu sagen hätte; ich spürte ihre skeptische Zurückhaltung. Doch wuchs das Interesse für meinen Bericht zusehends und am Ende wurden eine Menge Fragen gestellt.

Von Anfang an fiel mir eine Studentin durch ihre rege Beteiligung auf. Als sie sich am Ende persönlich bedankte, äußerte sie: »Während meiner ganzen Schulzeit wollte ich vom Nationalsozialismus und besonders von den Konzentrationslagern nichts hören. Aber was Sie als Zeitzeugin erzählten, hat mich tief beeindruckt.«

Häufige Bitten sind besonders seit 1984 an mich herangetragen worden, meine Dachauer Erlebnisse aufzuzeichnen und in Druck zu geben. Immer lehnte ich ab. Aber seit der Begegnung mit den Studenten fing ich an, mich mit meinen oft schmerzlichen Erinnerungen intensiver zu beschäftigen und entschloß mich, sie doch niederzuschreiben. Ich sah ein, daß es gerade für junge Leute hilfreich sein könnte, aus erster Hand etwas über e i n Kapitel der unheilvollen Zeit des Dritten Reiches zu erfahren. Jetzt hatte ich auch genügend Abstand gewonnen. Man möge mir nachsehen, daß ich nicht weit aushole, sondern meine Erlebnisse in ganz schlichter Form wiedergeben möchte.

Für den Auftrag vorbereitet

Im Elternhaus und in der Dorfschule von Möckenlohe

Wenn ich heute auf meine Fahrten zur Plantage des Konzentrationslagers Dachau zurückblicke, erkenne ich, daß Erlebnisse und Erfahrungen meiner Kinder- und Jugendzeit mich darauf vorbereitet haben. Von diesen soll zuerst die Rede sein, da auf diesem Hintergrund vieles besser zu verstehen ist.

Ich wurde am 10. Februar 1924 in Möckenlohe geboren und in unserer Pfarrkirche auf den Namen »Josefa« getauft. Das kleine Dorf in der Nähe von Eichstätt zählte damals ungefähr 400 Einwohner, hauptsächlich Bauern. Unter den wenigen Handwerkern war mein Vater, der als Zimmermann das Brot für seine Familie verdiente.

Als Hitler an die Macht kam, wurde ich gerade neun Jahre. In meiner Heimat merkte man zunächst kaum etwas davon. Ich erinnere mich aber, daß ich von da ab auf der Hauptstraße von Eichstätt nach Neuburg/Donau oft Kolonnen von SA-Männern begegnete, die das

Deutschland- und das Horst-Wessel-Lied sangen.

Meine eigene politische Einstellung wurde im Elternhaus geprägt. Schon als kaum Zehnjährige war ich sehr interessiert, wenn mein Vater an den Feierabenden die Zeitung studierte und mit meiner Mutter über das Gelesene sprach. Selbst wenn ich spielte, las oder handarbeitete, hörte ich hellwach diesen elterlichen Unterhaltungen zu, insbesondere wenn sie das politische Geschehen betrafen. Oft war dabei die Rede, »daß man schweren Zeiten entgegengehe«.

Manchmal unterhielten sich meine Eltern auch über den einen oder anderen Beamten, der vorzeitig pensioniert worden war. Tief prägte es sich mir ein, wenn Vater das Gespräch dann mit der Bemerkung beendete: »Der war wohl auch nicht bereit, in die Partei einzutreten.« So kam ich schon früh zu der Erkenntnis, daß es schlimme Folgen haben konnte, wenn man sich nicht »der Partei« anschloß. Freilich vermochte ich mir darunter noch nichts Rechtes vorzustellen.

◁ *Familie Mack, links Josefa, dahinter stehend Barbara, rechts Josef*

Josefa an ihrem Erstkommuniontag 1933

Am Weißen Sonntag 1933 durfte ich meine Erstkommunion feiern. Wir Kinder der 3. Klasse bereiteten uns außerhalb der Schule auf unsere Weise vor. So besuchten wir öfter eine kleine Feldkapelle am Rand des Dorfes und sagten dort unsere Gebete auf.

Am Samstag vor unserem Fest ging ich mit meiner Freundin Marerl in die Kirche, um Weihwasser zu holen. Wir blieben im Mittelgang stehen und sprachen laut unsere gewohnten Gebete. Marerl lief anschließend weg, ich blieb aus einem mir unerklärlichen Grund noch stehen. Plötzlich fühlte ich mich von Gott durchdrungen und von ihm ganz persönlich angesprochen. Dieses Erlebnis schenkte mir ein tiefes Glücksgefühl. Ich glaube, seit dieser Stunde wußte ich, daß ich mein Leben Gott schenken sollte, in welcher Form, das wurde mir erst später klar.

Nach den Osterferien kam ich in die 4. Klasse, die zusammen mit den Jahrgangsstufen 5, 6 und 7 von Hauptlehrer Franz Xaver Ruff unterrichtet wurde. Auch in der Schule hatte ich für alles, was irgendwie mit Hitler und »der Partei« zu tun hatte, ein besonderes Interesse. Ich erinnere mich, daß der Lehrer wiederholt für den Eintritt in die Hitlerjugend warb, daß er dabei jedoch keinen Erfolg hatte. Er tat es allerdings auch nur mit geringem Nachdruck.

Lebhaft im Gedächtnis ist mir noch, daß eines Tages, ich war wohl schon in der 5. oder 6. Klasse, der Schulrat mit einer BDM-Führerin aus Eichstätt in die Schule kam. Wir Kinder mußten in den Schulhof gehen, wo die Begleiterin des Schulrats mit uns Mädchen einen kleinen Reigen einstudierte. Er selbst sah mit dem Lehrer und den Buben dabei zu und sagte dann: »Wenn ihr in die HJ und den BDM eintretet, ist der Samstag für euch schulfrei. Die Buben dürfen dann an diesem Tag Geländespiele machen und die Mädchen noch viele andere Reigen lernen.« Vor allem aber erinnere ich mich, wie der Schulrat auf den Lehrer einredete, er solle es doch endlich fertigbringen, daß wir in die Jugendorganisationen der Partei einträten. Der Lehrer meinte, der Schulrat solle doch selbst mit einem bestimmten Bauern darüber sprechen. Wenn es ihm gelinge, daß dieser seinen vier schulpflichtigen Kindern erlaube, sich zur Hitlerjugend zu melden, dann würden es andere Eltern wohl auch tun. Der Schulrat lehnte es jedoch ab, diesem Rat zu folgen. Ich wunderte mich, daß der Lehrer den Mut hatte, so mit dem Schulrat zu reden, war mir doch aus Bemerkungen meines Vaters bekannt, wie gefährlich schon der leiseste Widerspruch sein konnte, wenn es um Angelegenheiten der Partei ging.

Daß unser Pfarrer Georg Stich ein »Nazi-Gegner« war, wußten alle Schüler. Ich erinnere mich, daß der Lehrer einmal kurz vor der Religionsstunde Formulare ausgeteilt hatte, auf denen die Eltern die schriftliche Erlaubnis zur Aufnahme ihrer Kinder in die Hitlerjugend geben sollten. Als der Pfarrer ein solches Blatt las, wurde er sehr aufgebracht. Sein Ärger aber war unnötig; denn niemand im Dorf gab die gewünschte Zustimmung. Meine Mutter war über den Zettel so empört, daß sie ihn meinem Vater gar nicht erst zeigte, sondern ihn sofort vernichtete.

Im Herbst 1933 bekam ich meinen ersten neuen Mantel. Eine Freundin meiner Mutter begleitete uns in das Kaufhaus Guttentag am Eichstätter Domplatz, um einen für mich passenden Mantel auszusuchen. Beide waren für einen grünen, ich aber wollte einen blauen. Frau Guttentag, eine Jüdin, bediente uns selbst. Sie unterstützte meinen Wunsch und verhalf mir so zum ersehnten Kleidungsstück. Hernach unterhielt sie sich noch lange mit meiner Mutter. Die freundliche, hilfsbereite Dame behielt ich daher in meinem Gedächtnis. Das war meine einzige persönliche Begegnung mit einem jüdischen Menschen; aber die Erinnerung an Frau Guttentag trug dazu bei, daß mich das grausame Leid, das in der Hitlerzeit über diese Bevölkerungsgruppe hereinbrach, so sehr traf. Darum erschreckte mich ein Erlebnis Ende Februar 1934 zutiefst. Die Oberstufe der Volksschule von Möckenlohe fuhr mit ihrem Lehrer nach Eichstätt zu einem Passionsspiel, das von einer Wandergruppe im Kolpinghaus aufgeführt wurde. In der Mittagspause durften wir Kinder in der uns bekannten kleinen Stadt allein herumlaufen.

Ich erinnere mich, daß in den Straßen und Gassen eine seltsam gespannte Atmosphäre herrschte, so daß ich ganz bedrückt wurde. Da hörte ich ein lautes Singen. Ein paar Fetzen des Liedes konnte ich verstehen, und diese bohrten sich unvergeßlich tief in meine Seele: »... Euere Weiber weinen fürchterlich, junge Mädchen noch viel mehr, wenn das Judenblut vom Messer spritzt ...«. Ich war entsetzt und hatte den Eindruck, in ganz Eichstätt würde dieses fürchterliche Lied gesungen. Wort und Melodie wühlten mich tiefer auf als die vorher erlebten Szenen des Passionsspiels. Immerzu hörte ich in mir den grauenhaften Text, den ich nicht begreifen konnte, über den ich aber auch mit niemandem zu sprechen vermochte. Die bedrückende Erinnerung jedoch blieb und ging mit durch die Jahre.

Seltsame Fügung nach langer Zeit: Im November 1978 schaltete ich das Radiogerät ein, um eine Gedenksendung des Bayerischen Rundfunks an die »Reichskristallnacht« vom 9./10. November 1938 zu hören. Ich erhoffte mir von dieser Übertragung Klarheit über das Geschehen, von dem ich damals überhaupt nichts erfahren hatte. Kaum hatte die Sendung begonnen, schrak ich auf: Rauhe Stimmen sangen das furchtbare Lied, das 1934 in Eichstätt meine Kinderseele so tief verwundet hatte. Nie mehr hatte ich es inzwischen gehört, nun dröhnte es wieder an meine Ohren. Grausam hart wurde die Erinnerung an dieses furchtbare Erlebnis meiner Schulzeit wachgerufen.

Im Sommer 1936 hatte es unser Lehrer schließlich fertiggebracht, daß er eine kleine Gruppe von Freiwilligen bei der Hitlerjugend anmelden konnte. Es war jedoch kein einziges Mädchen dabei. An einem sonnigen Samstagmorgen saßen wir anderen Kinder mucksmäuschenstill im Schulzimmer. Wir hörten und sahen, wie diese Buben singend in Richtung Wald marschierten. Der Lehrer kam ins Klassenzimmer, setzte sich wie gewöhnlich auf die erste Bank und klopfte mit dem Rohrstock nervös auf seine Hosenbeine. Nach Minuten beklemmender Stille sagte er: »Die Hitlerjungen dürfen in den Wald marschieren und dort den ganzen Vormittag spielen. Ihr müßt in der Schulstube sitzen und malen und lesen.« Ich war darüber keineswegs unglücklich, sondern dachte: »Das tue ich ja viel lieber.« Als Landkind hatte ich außerhalb der Schule genug Möglichkeiten, mich draußen auszutoben.

Ende 1936 wurden wir jedoch — wie es überall in Deutschland geschah — automatisch in die Hitlerjugend und den Bund Deutscher Mädel aufgenommen. Für uns Schülerinnen von Möckenlohe bedeutete das aber keine »politische Wende«; denn die Führung übernahm Fräulein Josefa Hirsch, eine aus dem Ort gebürtige Lehrerin, die sich die Gesinnung ihrer Dorfgemeinschaft unverfälscht bewahrt hatte. Je nach Jahreszeit und Wetter spielte, sang und wanderte sie mit uns Mädchen oder las, bastelte und handarbeitete mit uns. »Politische Schulung«, die eigentliche Aufgabe, wurde von meiner BDM-Führerin völlig ausgeklammert. Der »BDM-Dienst« war daher für mich in keiner Weise belastend.

Als Kandidatin der Armen Schulschwestern von Unserer Lieben Frau

Ich hatte eine Tante, die im Filialkloster der Armen Schulschwestern in Pfaffenhofen an der Ilm als Handarbeitslehrerin tätig war. Nach meiner Entlassung aus der Volksschule kam ich im Dezember 1937 dorthin, um das Kochen zu erlernen und Einkäufe zu besorgen. Wie in allen anderen Schulschwesternklöstern fand ich hier die gleiche politische Einstellung, wie ich sie vom Elternhaus her gewohnt war: eindeutige Ablehnung. Das nationalsozialistische Regime war von Anfang an den Klöstern feindlich gesinnt. Ab 1937 wurden die klösterlichen Lehrerinnen aus fast allen Volksschulen verbannt und die ordenseigenen Ausbildungsstätten nach und nach geschlossen. Auch aus den meisten Kindergärten, Horten und Heimen, sowie allen Höheren Schulen wurden die Schwestern vertrieben.

Kaum war ich einige Zeit in Pfaffenhofen, da erhielt ich einen Brief mit Poststempel »Eichstätt« nachgesandt. Das Schreiben enthielt die Mitteilung, daß ich zur BDM-Führerin in Möckenlohe ernannt sei. Ich erschrak darüber sehr und reichte den Brief den Schwestern zum Lesen. Nach einigem Überlegen meinten diese: »Am besten reagierst du überhaupt nicht darauf.« Sie hatten mich gut beraten; denn es kam tatsächlich kein weiteres Schreiben mehr in dieser Sache. Wahrscheinlich hat mich mein wiederholter Orts- und Schulwechsel vor der Erfassung durch den BDM bewahrt. Da ich den Wunsch äußerte, auch einmal Schulschwester zu werden wie meine Tante, schickten mich die Schwestern im September 1938 in das Internat der Filiale Gaimersheim bei Ingolstadt. Hier sollte ich auf das Handarbeitslehrerinnenseminar vorbereitet werden. Der Unterricht dieser Schule entsprach dem der Mittelschulen in der Nachkriegszeit. Das Schwergewicht lag auf den kaufmännischen Fächern; aber auch dem Handarbeiten und der Hauswirtschaft wurde viel Zeit gewidmet.

Da ich entschlossen war, Kandidatin bei den Armen Schulschwestern zu werden, brachte mich mein Vater im April 1940 in das Angerkloster nach München. In unserem Handarbeitslehrerinnenseminar München-Au sollte ich meine Ausbildung erhalten. Bereits im Januar 1942 mußte uns aber die Ordensleitung mitteilen, daß aufgrund einer staatlichen Verordnung klösterliche Schülerinnen kein Staatsexamen ablegen könnten. Wir müßten entweder unseren Austritt erklären und in Zukunft das städtische Seminar besuchen oder uns entschließen, Kandidatinnen zu bleiben und Krankenpflege zu erlernen. Das Kloster am Mariahilfplatz war schon im Oktober 1941 von der Wehrmacht als Hilfslazarett in Beschlag genommen worden. Im Januar 1942 wurden weitere Räume angefordert. Für uns Kandidatinnen war nun kein Platz mehr in der Au; wir kamen deshalb alle ins Mutterhaus am Anger.

Schwester M. Mechthild Wüst, die damalige Kandidaturleiterin, war der Ansicht, daß ich für Krankenpflege nicht geeignet sei. Nach Rücksprache mit mir machte sie der Generaloberin M. Almeda Schricker den Vorschlag, mich auf die Filiale Sankt Klara in Freising zu schicken. Dort könne ich als Helferin im Kinderheim eingesetzt werden und, so weit es dieser Dienst zulasse, bei Schwester M. Warina Brenninger die Damenschneiderei erlernen. Diese Ausbildung käme mir in meinem späteren Beruf als Handarbeitslehrerin sicher sehr zugute. Man hoffe ja doch, daß die Schwestern eines Tages wieder in die Schulen zurückkehren dürften. Mutter Almeda war damit einverstanden, und so kam ich im April 1942 nach Freising. Dort war ich zunächst ganz bei den schulpflichtigen Mädchen im Kinderheim tätig; nebenbei übte ich mich im Schneidern. Frau Oberin M. Saba

Gigl konnte sogar beim Lehrlingsausschuß der Innung für das Damenschneiderhandwerk erwirken, daß mir meine bisherige Ausbildung im Handarbeitslehrerinnenseminar angerechnet wurde. So durfte ich bereits im Januar 1943 die Gesellenprüfung ablegen.

Im Sommer 1943 sollte ich in den Reichsarbeitsdienst einberufen werden. Bürgermeister Hans Lechner, der den Schulschwestern sehr gewogen war, erwirkte bei den zuständigen Parteifunktionären meine Zurückstellung. Energisch wies er darauf hin, daß ich bei der Betreuung der Waisenkinder unentbehrlich sei.

In diesen unruhigen Zeiten verstärkte sich in mir der Wunsch, Arme Schulschwester zu werden. So bat ich im Dezember 1943 die damalige Generaloberin M. Almeda Schricker, im folgenden Sommer in das Noviziat eintreten zu dürfen. Ich erhielt auch die Zusage für die Einkleidung im August 1944. Die Sehnsucht meiner Kindheit und Jugendzeit schien bald in Erfüllung zu gehen. Doch es sollte anders kommen. Der Kriegsverhältnisse wegen konnte 1944 keine Einkleidung stattfinden. Erst im

◁ *Bei den Heimkindern in Freising*

Sommer 1945 öffnete sich für mich das Noviziat. In der Zwischenzeit stellte sich mir eine Aufgabe, die ich mir nicht einmal im Traum hätte ausmalen können: Ich durfte vielen Häftlingen im Konzentrationslager Dachau, von dem ich bis dahin kaum eine Ahnung hatte, unter großen Schwierigkeiten und Gefahren ein wenig Trost und Hilfe bringen.[1]

[1] siehe Anhang

Erlebnisse während meiner Fahrten zur Plantage

Der Auftrag

Mitte Mai 1944 verbrachte ich zusammen mit anderen Kandidatinnen die Abendfreizeit im Garten von Sankt Klara. Da ließ mich Frau Oberin M. Saba in ihr Büro holen. Dort traf ich auch Herrn Dür, einen im Kloster gut bekannten Brunnenbauer aus Freising. Frau Oberin stellte mich ihm vor. Ich erfuhr, daß Herr Dür seit Jahren mit einer Gruppe von Häftlingen des Konzentrationslagers Dachau zusammenarbeite. Von ihm hörte ich, daß diese Männer im Lager großen Hunger leiden müßten. Frau Oberin versprach, nach Möglichkeit zu helfen. Sie erzählte mir auch, daß Herr Dür schon seit langem Brot für die Häftlinge von unserem Kloster bekomme. Nach dieser Mitteilung beauftragte sie mich, am nächsten Tag zusammen mit einem jüngeren Lehrmädchen in das KZ Dachau zu fahren und dort Gemüse- und Blumenpflanzen zu holen, die Herr Dür in der Lagergärtnerei für Sankt Klara bestellt habe. Lächelnd fügte sie hinzu: »Ihr braucht keine Angst zu haben; ihr werdet nicht viel vom KZ zu sehen bekommen.« Ich konnte mir zunächst auch nur wenig darunter vorstellen.

Nachdem mir Herr Dür noch ein paar Hinweise für die Fahrt gegeben hatte, konnte ich wieder in den Garten gehen. Auf dem Weg dorthin traf ich mit Schwester M. Adula Niebauer zusammen. Ich erzählte ihr, daß ich anderntags in das KZ Dachau fahren solle. Die Schwester reagierte sehr erschrocken auf meine Mitteilung und flüsterte erregt: »Sprich bloß leise! Dort sind ja die Männer, die aus politischen Gründen gefangen sind. Auch mein Vetter, Pfarrer Ludwig Spießl, ist als Häftling in Dachau. Wenn du ihn siehst, dann grüße ihn von mir.«

Trotz der ängstlichen Warnung der guten Schwester machte ich mir damals wie auch später keine Gedanken, in welcher Kleidung ich zum KZ fahren sollte. Ich trug, was man eben in der Notzeit hatte, im Sommer ein buntes Kleid und wenn es regnete, darüber eine erdbeerrot und beige karierte Stoffjacke. Für den Winter mußte ich natürlich besser ausgerüstet sein, was damals schwierig war.

Plantage mit Lagergebäuden ▷

Häftlinge in Dachau

Erste Begegnungen und Eindrücke

Am Dienstag, dem 16. Mai 1944, fuhren meine Gefährtin und ich mit dem Zug über München nach Dachau. Kurz vor elf Uhr kamen wir dort an. Gleich machten wir uns auf den Weg zum Lager. Nach einer guten halben Stunde trafen wir Herrn Dür an der SS-Kaserne, wo er uns, wie vereinbart, mit einem großen Handwagen erwartete. Damit sollten wir die bestellten Pflanzen zum Bahnhof fahren, wo er das Fahrzeug dann wieder abholen wollte.

Herr Dür begleitete uns dieses erste Mal zur Lagergärtnerei, der sogenannten »Plantage«. Der Weg führte zunächst auf der breiten »Straße der SS« bis zum Eickeplatz. Hinter gepflegten Vorgärten sahen wir auf der linken Seite schöne Villen mit reichem Blumenschmuck an den Fenstern. Herr Dür sagte uns, daß hier die SS-Führungskräfte mit ihren Familien wohnten. Die Blumen würden von der Plantage stammen.

Als wir den Platz am Ende der langen Straße überquert hatten, ging es auf einem holprigen Fußweg weiter. Wir kamen an zwei Baracken vorbei, vor denen ein riesiger Haufen alter Schuhe lag. Ein furchtbarer Gestank stieg uns in die Nase. Hinter den Fenstern erkannten wir kahlgeschorene Männer, die an Schuhen arbeiteten. Schon darüber erschrak ich.

Rechts von diesen Baracken waren große Felder, auf denen kleine Häftlingsgruppen beschäftigt waren. Bei jeder stand ein Aufseher. Die Männer beendeten eben ihre Arbeit und stellten sich auf dem Kommandoweg zum Zählappell an, wie uns Herr Dür leise erklärte. Der Anblick war für mich erschütternd: Hunderte von Männern in zebragestreiften Hosen und Jacken oder schäbigen Zivilanzügen, die Köpfe kahlgeschoren, die bleichen Gesichter schwammig aufgedunsen. Alle starrten uns an, als wären wir Wesen aus einer anderen Welt. Nie mehr kann ich diesen Anblick vergessen.

Als wir an den Häftlingen vorbei waren, kamen wir endlich zur Verkaufsstelle, einem kleinen Büro, in dem Herr Schönwälder, ein junger Priesterhäftling aus dem Sudetengau, Blumen, Pflanzen und Samen an die Kunden ausgab. Der Raum war an ein Gewächshaus angebaut. Herr Schönwälder erwartete uns bereits davor. In ziemlich unfreundlichem Ton sagte er, wir müßten uns schon etwas gedulden

Eingang zur Plantage — Verkaufsstelle ▷

und warten, bis die Pflanzen hergerichtet seien. Ich war vom Anblick der Häftlinge noch so schockiert, daß mich seine etwas barsche Art völlig unbeeindruckt ließ. Ich erklärte ihm, daß wir das gerne tun wollten, da wir ja ohnehin erst später heimfahren könnten. Er führte uns ins Büro und meinte, wir könnten uns hier niedersetzen, bis die Pflanzen verpackt seien; er würde inzwischen die Rechnung schreiben. Nun wagte ich zu fragen, ob er nicht einen Ludwig Spießl kenne, den Priesterbruder einer Schulschwester. Er winkte ab und flüsterte hastig, ich solle leiser sprechen, der Posten vor der Tür passe gut auf ihn auf, er dürfe mit Zivilpersonen nur geschäftlich verhandeln. Den Ludwig Spießl kenne er freilich. Mit Freuden richtete ich die Grüße aus, die mir Schwester Adula aufgetragen hatte.

Allmählich wich die Vorsicht des Häftlings mir gegenüber, und er entschuldigte sich wegen seiner Unfreundlichkeit. Er erklärte mir, er habe Zeit gewinnen und mich beobachten wollen. Da ich aber ganz natürlich und offen mit ihm redete, verflog sein Mißtrauen bald. Er erzählte mir nun vom Lagerleben, von Hunger

◁ *Häftlinge auf der Lagerstraße*

und Strafen, von Not und Tod, besonders aber vom Haß gegen Priester und Religion. Es schien mir unglaublich, daß es in Deutschland so etwas geben könne. Das konnte ich nicht fassen, erst allmählich begriff ich es; denn viele andere Häftlinge berichteten mir später von gleichen und ähnlichen Schikanen und Mißhandlungen. Als wir uns verabschiedeten, nahm mich Herr Schönwälder auf die Seite und bat mich, doch wiederzukommen und, wenn möglich, einige Hostien und ein Fläschchen Meßwein mitzubringen, damit polnische Priesterkameraden heimlich zelebrieren könnten. Ich mußte ihm fest versprechen, nur meinen Vorgesetzten zu erzählen, was ich in Dachau gesehen und erfahren hätte. Er hatte noch nicht ausgeredet, da ging plötzlich die Türe auf, und ein SS-Mann trat ein. Ich erschrak, doch Herr Schönwälder sagte in ganz ruhigem Geschäftston: »Also, auf Wiedersehen, meine Herrschaften! Am Dienstag können Sie dann die bestellten Pflanzen abholen.«

Zutiefst erschüttert, deprimiert und traurig fuhr ich mit meiner Begleiterin, die offensichtlich nur wenig aufgefaßt hatte, nach Hause. Ich konnte es kaum erwarten, mit Frau Oberin und Schwester M. Vigoris, unserer Kandidaturleiterin, über meine furchtbaren Erlebnisse und Erfahrungen zu sprechen. Die Schwestern teilten mit mir Erschrecken und Trauer und begannen sofort zu überlegen, wie wir noch besser helfen könnten.

Wie eine Traumwandlerin ging ich durch die nächsten Tage. Als Kind hatte ich mit Heißhunger die Märtyrerlegenden aus den frühchristlichen Jahrhunderten gelesen. Besonders beeindruckt war ich von der gegenseitigen Hilfe dieser Christen, die keine Rücksichtnahme auf sich selbst kannten. Damals stieg die leise Sehnsucht in mir auf, in ähnlicher Weise Menschen, die um ihres Glaubens willen bedrängt wurden, helfen zu dürfen. Nie erlosch dieses Sehnen in mir, im Gegenteil, es wurde mit den Jahren noch stärker. Immer wieder mußte ich nun denken: »Was da in Dachau geschieht, das ist ja wie in der Urkirche, das ist doch eine richtige Christenverfolgung.« Mehr und mehr verdichtete sich in mir die Gewißheit, daß jetzt der Zeitpunkt zur Erfüllung meiner Kindersehnsucht gekommen sei, daß ich durch die gegenwärtigen Umstände gefordert würde, ohne Rücksicht auf mich selbst zu handeln.

Eine Woche später fuhr ich allein nach Dachau. Ich sollte es noch oft tun, bis amerikanische Truppen Ende April 1945 die Häftlinge befreiten. Ich machte diese gefährlichen Fahrten in großer innerer Sicherheit, mehr noch in dem vertrauenden Wissen, daß mein Leben in der Vorsehung Gottes geborgen sei. Meine Vorgesetzten gaben mir die Erlaubnis zu dieser zweiten und zu allen weiteren Fahrten, wie sie sich aus der jeweiligen Situation von Woche zu Woche ergaben. Herr Schönwälder war hoch erfreut, als ich wiederkam. Es war für ihn der Beweis, daß er mir Vertrauen schenken konnte. Er hatte auch bereits Blumen und Pflanzen zum Mitnehmen hergerichtet. Meßwein, Hostien und Post von Schwester Adula für Pfarrer Spießl gab ich ab, als ich durch das Fenster beobachten konnte, daß sich der Posten gerade etwas weiter entfernt hatte.

An diesem Tag erwartete Herr Schönwälder noch einige SS-Männer, die Buketts in Auftrag gegeben hatten und diese bald holen wollten. Er konnte mich daher nicht in dem kleinen Verkaufsladen warten lassen und schickte mich in das Gewächshaus nebenan. Dort traf ich einen etwa 60jährigen Häftling, mit dem ich sofort ins Gespräch kam. Er erzählte mir, daß er Ordensmann aus der Diözese Münster sei, und daß es den deutschen Häftlingen noch verhältnismäßig gut gehe, da sie von ihren Angehörigen Pakete bekommen dürften. Sie würden auch mit anderen teilen, aber der Hunger bei den Ausländern, besonders bei den Polen und Russen, sei sehr groß. Ich solle doch nach Möglichkeit Lebensmittel mitbringen, vor allem Brot. Wir hatten noch nicht lange miteinander gesprochen, da versammelte sich eine ganze Gruppe von Häftlingen um uns. Sie starrten mich zuerst wie eine Erscheinung an, dann aber wollten sie wissen, wo ich herkäme. Ich gab ihnen bereitwillig Auskunft, daß ich Kandidatin bei den Schulschwestern in Freising sei. Die Häftlinge, die gerade ihre kurze Mittagspause hatten, konnten mir nicht genug vom Lagerleben erzählen. Dabei sprachen sie sehr erregt durcheinander. Vieles davon ist mir nicht mehr im Gedächtnis; ich versuchte es wohl zu verdrängen. Wahrscheinlich hätte ich mit dem Wissen um solch grauenhafte Vorgänge nur schwer belastet weiterleben können. Es waren Berichte von unglaublichen Demütigungen, Schikanen, Quälereien, Grausamkeiten, wie sie Adalbert Ludwig Balling in seinem Buch »Eine Spur der Liebe hinterlassen« (Missionsverlag Mariannhill, Würzburg 1984) schildert. Man spürte, daß die Männer ein großes Bedürfnis hatten, jemandem, der von draußen kam, ausführlich von ihrer Not und Qual zu berichten. Der Schlußkommentar lautete: »Wenn wir wirklich noch einmal in die Freiheit kommen sollten, wird uns kein Mensch glauben, was wir hier erlebt haben.«

Als mich Herr Schönwälder in den Verkaufsraum zurückholte, bat er um einen weiteren Besuch. Er zählte verschiedene Dinge auf, die ich dann mitbringen sollte. Auch später trug er mir seine Wünsche nur mündlich vor, nie erhielt ich einen »Bestellzettel« von ihm; dagegen gab er mir später oft Aufzeichnungen über seine Erlebnisse zum Aufbewahren mit. Ehe ich mich verabschiedete, sagte er noch, ich solle einige Briefe von Häftlingen mitnehmen und an der Post in Freising aufgeben. Er müsse mich aber darauf aufmerksam machen, daß auf die Beförderung illegaler Briefe aus dem Lager und hinein die Todesstrafe stehe. Trotzdem versprach ich ihm, diese Bitte zu erfüllen.

Auf der Rückfahrt überkam mich eine tiefe Depression; denn erst durch die Erzählung dieser unmittelbar betroffenen Häftlinge wurde mir so ganz bewußt, welche Unmenschlichkeiten in Dachau geschahen. Dabei ging mir auch erstmals richtig auf, daß diese Männer fast ausschließlich aus politischen Gründen zur Haft im KZ Dachau verurteilt waren. Zu Hause berichtete ich über meine neuen Erfahrungen. Frau Oberin und Schwester Vigoris waren tief erschüttert, besonders darüber, daß die polnischen und russischen Häftlinge so unmenschlich Hunger leiden müßten. Sie sorgten dafür, daß ich bei meinen weiteren Fahrten nach Möglichkeit immer Lebensmittel für diese Allerärmsten mitnehmen konnte.

Wir vier Kandidatinnen von Sankt Klara studierten zu dieser Zeit für ein nahes Fest ein kleines Theaterstück ein. In meiner tiefen Niedergeschlagenheit fühlte ich mich jetzt nicht mehr fähig, mitzuspielen. Schwester Vigoris hatte dafür Verständnis; das Stück wurde abgesagt.

Deckname »Mädi« — Neue Erfahrungen

In der folgenden Woche fuhr ich wieder nach Dachau, wie vereinbart war. Ich brachte Schwarz- und Weißbrot und auch ein paar Stückchen Schinken und Butter mit. Herrn Schönwälder war es zu gefährlich, daß ich Sachen bei ihm abgab. Er schickte mich daher wieder in das Gewächshaus nebenan. Dort beschenkte ich gleich polnische Häftlinge. Sie waren überglücklich und wurden nicht müde, mir dafür zu danken.

An diesem Tag lernte ich den etwa 30jährigen polnischen Kapuzinerpater Stanisław kennen. Er spielte von nun an eine wichtige

Rolle bei der Übernahme meiner mitgebrachten Lebensmittel. Ich fragte ihn, warum gerade so viele polnische Priester im KZ Dachau wären. Er sagte, das sei deshalb der Fall, weil die Nationalsozialisten die polnische Intelligenz ausrotten möchten. Das war eine neue erschütternde Erfahrung für mich. Pater Stanisław erklärte mir auch, was die verschiedenfarbigen Stoff-Winkel bedeuteten, die auf den Jacken der Häftlinge aufgenäht waren.

Beim Abschied sagte Herr Schönwälder auch dieses Mal, er hoffe, daß ich wiederkäme. Er fügte hinzu, er werde mich von jetzt ab nur noch mit »Mädi« ansprechen; meinen eigentlichen Namen zu nennen, sei zu gefährlich. Momentan begehrte ich gegen diesen Decknamen auf, aber bald gewöhnte ich mich daran. Vielleicht war es mein sehr jugendliches, fast kindliches Aussehen, das Herrn Schönwälder auf den Gedanken brachte, mich »Mädi« zu nennen. Ich trug Gretlfrisur, wie sie damals bei uns Kandidatinnen üblich war. Selbst auf den Rat meiner Präfektin, die Haare kurz schneiden zu lassen, um weniger aufzufallen, ging ich nicht ein. Ich wollte die Haartracht, die zu mir zu passen schien, nicht ändern.

Es ist nicht zu beschreiben, wie sehr sich die Häftlinge freuten, daß ich immer wieder kam.

Wo sie mich nur sehen konnten, grüßten sie freundlich.

Es dürfte nach meiner dritten Dachaufahrt Ende Mai gewesen sein. Noch ganz in meine Erinnerungen versunken, ging ich vom Bahnhof in Richtung Sankt Klara. Da sprach mich ein Soldat an. Bald stellte sich heraus, daß es ein Schulkamerad war, der einige Wochen hier in einer Kaserne stationiert war. Neugierig fragte er, wo ich denn gewesen sei. Ohne weitere Erklärung gab ich ihm die Auskunft: »In Dachau«. Als Michael bald darauf in Urlaub nach Hause kam, erzählte er meinen Eltern von dem Zusammentreffen mit mir, und daß ich gerade von Dachau gekommen sei.

Ich fuhr nun jede Woche nach Dachau. Anfangs benutzte ich den Zug über München und ging dann vom Bahnhof bis zur Plantage zu Fuß. Eines Tages blieb der Zug in Moosach stehen. Der Schaffner rief aus: »Alles aussteigen! Wegen Bombardierung des Münchner Hauptbahnhofes kann der Zug dort nicht einfahren.« Ratlos stand ich auf dem Bahnsteig, in der einen Hand eine schwere Tasche, in der anderen einen Spankorb mit Lebensmitteln für die Häftlinge. Da kam mir ein rettender Gedanke: »Wenn du jetzt diese Straße entlang gehst, mußt du nach Allach kommen. Von dort kannst du wohl mit dem nächsten Zug nach Dachau fahren.« Gedacht, getan! Die Straße war menschenleer, ich schwer bepackt. Nach einiger Zeit kam eine Frau auf mich zu. Welch gegenseitige Überraschung: Es war eine Cousine meines Vaters! Sie bestätigte mir, daß ich auf dem richtigen Weg sei, war aber voller Verwunderung, mich hier so mutterseelenallein anzutreffen. Auf ihre Frage, wo ich denn hinwolle, gab ich ihr wahrheitsgetreu zur Antwort: »Nach Dachau.« Nähere Angaben machte ich nicht, zum Glück fragte sie auch nicht. Als diese Cousine im Spätherbst 1944 in Möckenlohe ihren Urlaub verbrachte, erzählte sie meinen Eltern von dieser eigenartigen Begegnung mit mir, und daß ich gesagt hätte, ich würde nach Dachau fahren.

Wochen später traf ich im Zug einen Bekannten meiner Eltern, der nach Möckenlohe wollte, um dort zu »hamstern«. Auch er berichtete zu Hause von seiner Begegnung mit mir, und daß ich auf dem Weg nach Dachau gewesen sei. Die Auswirkung dieser drei Mitteilungen, die meinen Eltern seltsam vorkamen und sie verständlicherweise beunruhigten, erfuhr ich zu Weihnachten.

Meine Tour von Dachau zurück nach Freising war wegen der unterbrochenen Bahnstrecke ebenso strapaziös wie die Hinfahrt. Zu Hause erzählte ich von meinem Abenteuer. Da die Häftlinge wieder um verschiedene Dinge gebeten hatten und erwarteten, daß sie auch in der Woche darauf mit meinem Kommen rechnen dürften, überlegten Frau Oberin und Schwester Vigoris mit mir, wie bei den gegebenen Verhältnissen am günstigsten nach Dachau zu fahren wäre. Wir meinten, es sei wohl besser, das Fahrrad mitzunehmen, bis Schleißheim den Zug zu benützen und von dort aus die gerade, etwa 10 km lange Strecke nach Dachau zu radeln. Schon bei der ersten Fahrt zeigte sich, daß wir eine gute Lösung gefunden hatten: Ich mußte jetzt keine langen Strecken mehr zu Fuß machen und konnte noch sehr viel mehr befördern. Von Woche zu Woche wurde ich schwerer bepackt. Was die Schwestern nur immer an Lebensmitteln erübrigen konnten, wurde für die armen Häftlinge in Dachau zusammengerichtet, und diese nahmen es mit größter Dankbarkeit entgegen.

Auf dem Gepäckträger ließen sich Pakete verstauen und an der Lenkstange konnte ich zusätzlich rechts und links gefüllte Taschen aufhängen. Nur das Ein- und Aussteigen brachte Schwierigkeiten mit sich: Das Rad mußte ich im Gepäckwagen unterbringen, die

Pakete und Taschen aber mit ins Abteil nehmen. Ich hatte immer Glück. Nie wurde mir etwas von den abgestellten Sachen gestohlen, wenn ich mein Rad in den Gepäckwagen einlud oder von dort holte.

Da es auf Dauer zu gefährlich war, so große Mengen Lebensmittel in der kleinen, streng überwachten Verkaufsstelle oder auch im Gewächshaus daneben abzugeben, fand Herr Schönwälder bald einen Ausweg. Er kannte von seinen Studienjahren in Warschau die Familie Beer, die in dem der Plantage gegenüberliegenden Verwaltungsgebäude wohnte. Herr Beer, verwitwet und Vater von fünf Kindern, arbeitete als Buchhalter in der Verwaltung der Plantage. Mit dessen Tochter Toni hatte Schönwälder vereinbart, daß ich von jetzt ab alle Lebensmittel bei Familie Beer abgeben solle. Polnische Häftlinge würden sie, mit Wäsche getarnt, über einen Speicherausgang von dort holen. Die Verantwortung für diese Aktion habe der mir schon bekannte Pater Stanisław übernommen.

Zu Toni Beer, die nur einige Jahre älter war als ich, faßte ich bald Vertrauen, ihrem Vater begegnete ich erst etwas später. Er machte auf mich von Anfang an den Eindruck eines sehr ernsten, verschlossenen Mannes. Immer hatte ich etwas Angst vor ihm.Ich konnte mich des Eindrucks nicht erwehren, daß er die Abgabe von Lebensmitteln für Häftlinge in seiner Wohnung nur ungern duldete.

Als die Schwestern Toni bei einem Besuch in Freising kennenlernten, hatten sie von ihr einen ebenso guten Eindruck, wie ich ihn schon bei der ersten Begegnung gewonnen hatte. Zwischen uns beiden entwickelte sich ein kameradschaftliches Verhältnis. Bei Fliegerangriffen nahm sie mich ein paarmal mit in den Luftschutzraum, in dem vor allem Frauen und Kinder von SS-Männern Zuflucht suchten. Das Zusammensein mit diesen Leuten bedeutete für mich jedesmal eine schwere Nervenbelastung; denn von Häftlingen, die in den SS-Wohnungen als Haushaltshilfe arbeiten mußten, wußte ich, daß sie dort nicht selten hart schikaniert wurden.

Als ich Ende Juni wieder einmal ins Lager kam, begrüßte mich Herr Schönwälder freudig erregt mit den Worten: »Mädi, nächsten Sonntag werden wir nach Freising kommen.« Ich war überrascht und konnte mir nicht vorstellen, wie das gehen solle. Doch wahrhaftig! Herr Schönwälder kam tatsächlich in Begleitung des österreichischen Offiziers Gaster, der schon sechs Jahre als Häftling in Dachau war, und mit einem Kommandoführer. Von diesem 50—60jährigen sudetendeutschen SS-Mann hatte mir Schönwälder erzählt, daß er die Häftlinge human behandle, ihnen sogar manche Dienste leiste.

Mit schlechten Rädern waren die drei Männer auf holperigen Feldwegen von Dachau nach Freising gefahren. Müde und hungrig kamen sie gegen 9.30 Uhr in Sankt Klara an. Herr Schönwälder zelebrierte gleich die heilige Messe, bei der ihm Herr Gaster diente. Der Kommandoführer erhielt unterdessen ein kräftiges Frühstück; denn nur aus Menschenfreundlichkeit hatte er sich überreden lassen, die gefährliche Fahrt mit den beiden zu riskieren. Durch das, was diese Häftlinge berichteten, erhielten Frau Oberin und Schwester Vigoris nun unmittelbar tiefen Einblick in das Elend des Lagerlebens. Am Nachmittag nahmen unsere Besucher schweren Herzens Abschied. Die Schwestern hatten inzwischen die Räder mit Lebensmitteln bepackt. Dankbar für die empfangene Güte und mit der Hoffnung, sie könnten bald wiederkommen, kehrten sie ins Lager zurück. Tatsächlich wagten sie noch dreimal die gefährliche Fahrt. Das nächste und das letzte Mal war anstelle von Gaster der polnische Pater Stanisław dabei. Dieser zeigte uns die tiefen vernarbten Löcher in seinen Beinen, die ihm von überstandenen Phlegmone-Versuchen geblieben waren. Später erzählte er mir immer wieder gerührt, wie sehr ihm die Liebe und Sorge der Schwestern ans Herz gegriffen habe.

Die Häftlinge hatten bei ihren abenteuerlich-gefährlichen Fahrten ihre Lageranzüge an. Auf dem Rückteil der Jacken waren in roter Ölfarbe die 20—30 cm hohen Buchstaben KL[2] aufgepinselt. Der Kommandoführer trug seine SS-Uniform. Die Räder hatten sie sich »organisiert«. Für den Fall einer Kontrolle hatten die Männer vereinbart, sich darauf zu berufen, daß sie als kleines Arbeitskommando einen Außenauftrag zu erledigen hätten. Gott sei Dank ging es aber immer gut.

Als im Sommer 1944 die Blumen auf der Plantage in aller Pracht blühten, brachte Herr Gaster an den Tagen, an denen ich erwartet wurde, einen ganzen Korb mit prächtigen Gladiolen zu Herrn Schönwälder »für Freising«. Ich durfte sie nie bezahlen. Sie waren Geschenk der Häftlinge, die sich für die empfangene Güte erkenntlich zeigen wollten. Wir konnten so den

[2] siehe Anhang

ganzen Sommer und Herbst die Kapelle mit den schönsten Blumen aus der SS-Gärtnerei schmücken.

In dieser Zeit bat mich Herr Schönwälder auch einmal, wenn möglich, jede Woche etwa 700 Hostien für die polnischen Priester mitzubringen, damit diese während der Arbeit auf der Plantage in der von Rom erlaubten, sehr vereinfachten Weise heimlich zelebrieren könnten. Für Frau Oberin war es selbstverständlich, diesen Wunsch zu erfüllen. Ermöglicht wurde es ihr durch die Hostienbäckerei der Schulschwestern in Dorfen, wohin sie aus der Freisinger Landwirtschaft Mehl lieferte.

Eine gefährliche Situation

Anfang Juli war ich wieder einmal auf dem Weg zur Plantage. Da hielt mich der erste Posten, den ich passieren mußte, völlig unerwartet an. Ein Schrecken durchfuhr mich. Noch nie war mir das begegnet. Ich stieg vom Rad und blieb stehen. Freundlich sagte der junge SS-Mann, er möchte sich gern ein wenig mit mir unterhalten. An einem solch schönen Tag sei es langweilig, Posten stehen zu müssen. Er würde lieber mit mir spazierengehen. Blitzschnell überlegte ich: »Wenn du jetzt ebenso freundlich reagierst, weckst du gewiß weniger Mißtrauen, als wenn du ihm die kalte Schulter zeigst.« So blieb ich denn stehen und unterhielt mich einige Minuten mit ihm.

Immer wenn Schönwälder mich erwartete, schickte er einen 14—16jährigen polnischen Jungen auf den Weg, der nach mir Ausschau halten sollte. An diesem Tag nun sah mich Max bei dem Posten stehen und meldete das sogleich im Verkaufsbüro. Als ich wenige Minuten später dort ankam, traf ich Schönwälder in größter Aufregung. Ich erzählte ihm, ich hätte mich ein wenig mit dem Posten unterhalten, er habe mich jedoch nicht kontrolliert. Schönwälder ließ sich nicht beruhigen. In höchster Erregung sagte er: »Mädi, wenn sie dich erwischen, wirst du uns alle verraten!« In einer momentanen Trotzreaktion, aber auch mit Stolz dachte ich: »Und wenn sie mich umbringen, werde ich keinen verraten.«

Zwar konnte ich Schönwälder irgendwie verstehen, aber ich erschrak doch sehr. Bis dahin hatte ich ihn als einen fast kaltblütigen Mann erlebt, der kein Risiko scheute. Einmal hatte er mir zum Beispiel erzählt, daß er mit zwei Eimern, die mit »organisierten« Dingen gefüllt waren, von der Plantage aus an den Posten

vorbei ins Lager gegangen sei. Im Laufe unseres weiteren Gesprächs bat er mich dann um Verzeihung. Seine Bemerkung, er habe Todesangst ausgestanden, traf mich jedoch tief.

Auf der Heimfahrt ging mir das Erlebte noch einmal durch den Kopf. Immer wieder mußte ich denken: »Wenn du erwischt wirst, werden sie herausfinden, woher du kommst.« Der Gedanke, daß die Schwestern dann in meinen Fall hineingezogen würden, verstörte mich bis in mein Innerstes. Bis dahin war mir noch nicht voll bewußt geworden, daß durch mich auch Sankt Klara in Gefahr war. Ich konnte jedoch unmöglich darüber sprechen. Schwester Vigoris spürte mein Verstörtsein und wollte wissen, was mich belaste. Ich konnte es ihr nicht sagen und so gebrauchte ich verschiedene Ausflüchte, die sie jedoch nicht gelten lassen wollte. Als wir am Vorabend meiner nächsten Fahrt nach Dachau die Sachen für die Häftlinge zusammenpackten, setzte sie mich mit der Bemerkung unter Druck: »Ich laß dich nicht fahren, wenn du nicht sagst, was los ist!« Verzweifelt dachte ich: »Ich kann ihr doch nicht sagen, daß ich Angst um sie und die anderen

◁ *Lagerbaracken im KZ Dachau*

Schwestern habe. Sie läßt mich ja sonst nicht fahren; die Häftlinge aber warten auf mich.« So blieb ich stumm. In gespanntem Verhältnis gingen wir auseinander. Schweigend beluden wir am nächsten Morgen mein Fahrrad. Vom angedrohten Nicht-fahren-Dürfen fiel kein Wort mehr. Doch diesmal verlief die Fahrt ohne jeden Zwischenfall. Das half mir, mit dem Erlebnis der Vorwoche fertig zu werden. Als ich heimkam, konnte ich wieder erzählen, wie der Tag verlaufen war. Die Spannung in mir reduzierte sich auf das Normalmaß.

Eines Morgens sprach mich Schwester Adula in ihrer mütterlich-gütigen Art an: »Josefa, du schläfst zur Zeit so unruhig. Mitten im Schlaf schreckst du auf und sprichst auch im Traum.« Ich sagte ihr, daß ich das gar nicht merken würde, daß ich aber zur Zeit tatsächlich schwere Träume hätte. Obwohl wir nicht darüber sprachen, wußte sie ja um die Ursache dafür. Wir schliefen bei den vorschulpflichtigen Mädchen in kleinen Vorhangkabinen nebeneinander; so war sie Zeugin meiner nächtlichen Unruhe und sorgte sich um mich.

Im Juli hatte ich mich mit einem ganz persönlichen Problem auseinanderzusetzen: Für August war meine Einkleidung festgelegt. Ich wollte nicht zurücktreten, wünschte aber auch, weiterhin nach Dachau zu fahren. Ich wollte also beides, glaubte auf nichts verzichten zu dürfen. Immer mehr kam mir zum Bewußtsein, daß meine Fahrten nach Dachau wie eine zwingende Forderung in mein Leben eingebrochen waren. Konnte ich mich ihr nun entziehen, ohne schuldig zu werden? Diese Überlegung geriet in schweren Widerstreit mit meiner im Dezember getroffenen Entscheidung. Was sollte ich in diesem inneren Konflikt tun? An wen mich um Rat wenden? In diesen Tagen innerer Wirrnis kam Gustav von Mann-Tiechler, ein Priester aus Freiburg, nach Sankt Klara. Zu ihm faßte ich Vertrauen und sprach mit ihm über mein Problem. Er hörte sehr nachdenklich zu und sagte dann: »Fahren Sie weiter nach Dachau! Das andere wird sich von selbst ergeben.« Dieses Gespräch brachte mir innere Ruhe.

Kurz danach erhielt ich von meinem Vater einen beschwörenden Brief. Er schrieb: »Du kannst es uns doch nicht antun, daß Du bei den ständigen Fliegerangriffen auf München im August dorthin ins Noviziat gehst. Wer nur kann, flieht aus der Stadt, und Du willst hin. Das darfst Du einfach nicht.« Über diesen Brief sprach ich mit Schwester Vigoris. Ihre Antwort war die gleiche wie die des Freiburger Priesters: »Dieses Problem wird sich lösen.« Das bestärkte mich in meiner wiedergewonnenen inneren Ruhe.

Ein oder zwei Tage später traf ein Brief aus dem Generalat ein. Mutter Almeda schrieb: »Wegen der schweren Fliegerangriffe auf München wird die Einkleidung bis auf weiteres verschoben.« Das Problem hatte sich tatsächlich gelöst.

Treue Helfer bei riskanten Vermittlungen

Ende Juni bekam ich in Dachau einen Brief für unseren Hausgeistlichen mit. Pater Peter Eichten, ein aus Bochum evakuierter Redemptorist, wohnte in einem Haus, das zur Klosteranlage von Sankt Klara gehört. Ich brachte ihm den Brief persönlich. Er war fassungslos über diese Post von seinem im KZ Dachau gefangenen Mitbruder. Ich erklärte ihm kurz, wie ich zu diesem Brief gekommen sei. Die Freude von

Pater Eichten war so groß, daß ich erschüttert von ihm wegging.

Vor der Tür traf ich mit Jesuitenfrater Erich Berschtl zusammen, der in unserem Haus beschäftigt war. Er war auf dem Weg zu Pater Eichten. Am nächsten Morgen wünschte er mich zu sprechen. Er sagte mir, der Pater habe ihm unter Tränen erzählt, daß ich ihm einen illegalen Brief von einem in Dachau gefangenen Mitbruder gebracht hätte. Ich erschrak sehr, hatte ich doch Pater Eichten gebeten, über diese Angelegenheit zu schweigen. Frater Berschtl entschuldigte den Geistlichen mit der Bemerkung: »Er war doch so erfüllt von dieser freudigen Überraschung, daß er einfach reden mußte. Und nur so ist es ja mir jetzt möglich geworden, daß ich über meinen ehemaligen Novizenmeister mit Ihnen sprechen kann.« Er erzählte mir, daß Pater Otto Pies schon seit einigen Jahren im KZ Dachau sei. Er habe aber noch nie mit ihm Verbindung aufnehmen können. Seine Frage an mich sei nun, ob ich Pater Pies einen Brief vermitteln würde. Ich gab ihm meine Zusage.

Schon bei meiner nächsten Fahrt nach Dachau hatte ich ein Schreiben von Frater Berschtl dabei. Ich erkundigte mich erst vorsichtig bei Schönwälder nach dem Jesuiten.

Seine Auskunft lautete: »Pater Pies ist im ganzen Lager bekannt. Er ist bei den Priestern eine ganz wichtige Persönlichkeit.« Daraufhin steckte ich ihm heimlich den Brief zu und erklärte ihm, wer ihn mitgegeben habe. Er sagte mir noch, daß Pater Pies auf der Plantage arbeite. Er würde sich einen Trick ausdenken, daß dieser bei meinem nächsten Besuch in die Verkaufsstelle komme, so daß ich ihn persönlich kennenlernen und mit ihm über Frater Berschtl sprechen könne.

Frater Berschtl war über diese Nachricht sehr erfreut und gab mir in der nächsten Woche gleich wieder einen Brief für seinen gefangenen Novizenmeister mit. Als ich in der Verkaufsstelle war, kam ein Häftling mit einem Blumentopf herein. Schönwälder flüsterte mir zu, das sei Pater Pies, er möchte kurz mit mir sprechen. Ich gab den Brief für ihn ab und erzählte in knappen Worten, daß Frater Berschtl als Erntehelfer in Sankt Klara arbeite. Pater Pies fragte, ob der Frater bei der nächsten Fahrt vielleicht mitkommen könne. Ich erklärte ihm, wir müßten für ihn ein Fahrrad ausgeliehen bekommen; dann könne es eventuell möglich sein.

Zu Hause besprach ich die Sache zuerst mit Frau Oberin und Schwester Vigoris. Nach einer

Weile holten wir Frater Berschtl dazu. Was ich ihm zu berichten hatte, erfreute ihn bei aller Sorge um Pater Pies sehr. Er war Feuer und Flamme für den Plan, mich bei meiner nächsten Fahrt nach Dachau zu begleiten.

Als wir in der Woche darauf gemeinsam fahren konnten, fragte ich Frater Berschtl, warum er als junger Mann nicht bei der Wehrmacht sei, sondern teils studieren könne, teils bei uns als Erntehelfer arbeiten müsse. Er erzählte mir ausführlich, daß aufgrund einer Verordnung Hitlers vom Sommer 1941 die Jesuiten »nicht würdig seien, bei der deutschen Wehrmacht zu dienen«. Er sei Soldat gewesen, doch eines Tages aus diesem Grunde entlassen worden.

In Dachau kam das Treffen mit Pater Pies zur gegenseitigen Freude wirklich zustande. Die beiden konnten Wichtiges besprechen, vor allem konnte Pater Pies Informationen über andere in Dachau gefangene Jesuiten mitgeben.

Eine Woche später fuhr Frater Berschtl noch einmal mit nach Dachau. Auf der Heimfahrt wollte mein Begleiter wissen, was ich einmal vorhätte. Ich erzählte ihm, daß ich Schulschwester werden möchte.

Daraufhin erklärte er mir die Gelübde, besonders den Unterschied zwischen »einfachen« und »feierlichen«. Ich glaube, ich habe von dieser Unterscheidung nicht viel begriffen, denn ich war mit meinen Gedanken immer noch in Dachau. Als wir in Schleißheim auf den Zug nach Freising warteten, holte ich aus meiner Tasche ein paar Birnen, die mir meine Mutter geschickt hatte. Es waren »Gute Graue«, die eine rauhe Schale, aber ein sehr saftiges, wohlschmeckendes Fleisch haben. Ich teilte mit ihm, und wir ließen uns die Birnen schmecken. Nach der Anspannung in Dachau war das für uns beide ein köstlicher Genuß. Als Frater Berschtl seinen Anteil gegessen hatte, sagte er humorvoll: »Wenn Sie wieder heimkommen, grüßen Sie den Birnbaum herzlich von mir! Er hat seine Sache gut gemacht.«

Den ganzen Sommer über hamsterte der Frater in der Umgebung von Freising. Was er an Mehl, Butter, Zucker und Eiern bekam, verarbeiteten ihm unsere Köchinnen zu verschiedenem Gebäck, das sich leichter verpacken und im Lager besser aufbewahren ließ. So konnte er eine große Zahl von Paketen für seine gefangenen Mitbrüder nach Dachau schicken, bevor er im September zum Theologiestudium nach Maria Eck ging.

Es war im Hochsommer. Ich war wieder in Dachau und verhandelte gerade flüsternd mit

Schönwälder. Da ging die Tür zum Verkaufsbüro auf. Ein junger SS-Mann kam herein und sagte, er habe den Auftrag, das bestellte Brautbukett abzuholen. Ein Häftling brachte den sehr schön gebundenen Strauß. Der SS-Mann nahm ihn, wandte sich mir zu und drückte mir spontan das Bukett in den Arm. Dazu sagte er ein paar Nettigkeiten, sinngemäß etwa: »Sie sehen hübsch aus. Sie wären eine reizende Braut.« Ich war im Moment sprachlos vor Überraschung und Schreck. Aber vor seinem freundlich-offenen Gesicht löste sich meine Spannung rasch. Wortlos lächelnd gab ich ihm den Strauß zurück.

Für Pfarrer Spießl hatte ich schon öfter Briefe befördert. Er ließ mich über Schönwälder wissen, daß ich ihm eine Begegnung mit seiner Schwester ermöglichen solle. Ich konnte sie zu unser aller Freude vermitteln. Am 18. August nahm ich an einer Gelübdeablegung in Weichs teil. Im dortigen Kloster war Schwester M. Klodulfa Spießl zu dieser Zeit eingesetzt. Am folgenden Tag begleitete sie mich, natürlich in Zivil, nach Dachau. Bei Schönwälder konnten sich die beiden Geschwister dann kurz sprechen. Pfarrer Spießl ist dieses Treffen nach mehr als 40 Jahren noch bis in die kleinsten Einzelheiten in Erinnerung. Sein Bericht dar-

Pfarrer Ludwig Spießl

über, den er mir am 15. Januar 1987 schrieb, soll daher hier wörtlich folgen:

»... Kam da eines Tages Ferdinand Schönwälder zu mir und überbrachte mir besondere Grüße von meiner Base Schwester Adula, Freising. Eine Kandidatin bei den Schulschwestern dort, das ›Mädi‹, die schon öfter ›zum Einkaufen‹ zu ihm in den Gemüseladen gekommen sei, habe sie ihm mitgeteilt. Und sie hätten auch schon Überlegungen angestellt, daß doch mit ihr zusammen einmal meine Schwester Klodulfa von Weichs — natürlich in Zivilkleidung — zu solchem ›Einkauf‹ mitkommen könnte, und daß sich eine Begegnung mit mir ermöglichen lassen müßte. Als günstiger Tag wurde gleich Samstag, 19. August, ins Auge gefaßt, weil sich an Samstagen doch die SS nicht mehr so eifrig mit Kontrollen befaßte.

Schon Ostern 1944 war ich zum Stubenältesten auf Block 26/3 befördert worden, ich war so ziemlich am längsten im Lager und wußte in mancherlei ›Hilfen‹ Bescheid. Nun mußte ich also an Stelle eines Mitbruders bei dem Kommando zur Plantage ausrücken, denn die Zahl mußte stimmen. Auf der Stube hatte ich — wie bei militärischem Betrieb üblich — im Falle meiner Abwesenheit einen Stellvertreter. Den informierte ich: ›Für den Fall, daß ein Posten zur Kontrolle kommt und nach mir fragt, kannst ihm sagen, ich sei weg und bekäme Höhensonne. Ich hatte ja im Frühjahr eine doppelseitige Rippenfellentzündung durchgestanden, und so konnte natürliche ›Höhensonne‹ nicht schaden. Zum Glück brauchte mein Vertreter von einer solchen nicht gerade sündhaften, doch auch nicht ganz einwandfreien Floskel keinen Gebrauch zu machen, weil kein Kontrollposten kam.So kam ich also in die Plantage zur Gruppe Schönwälder im Gewächshaus. Hier bekam ich, zur Tarnung bei eventuellem ›Besuch‹, irgendeine Verlegenheits-Tätigkeit zugeteilt. Und als dann die beiden Frauen ›zum Einkaufen‹ hereinkamen, war die Luft rein. Die Begrüßung bei solchem Wiedersehen war vorbereitet sachlich, das Gespräch kurz, um auch gegenüber dort tätigen Häftlingen jedes Aufsehen zu vermeiden. Das Entscheidende bei der Begegnung war doch, daß meine Schwester sich überzeugen konnte, daß ich gesundheitlich soweit auf der Höhe war, daß ich noch eine Zeit lang durchhalten könnte, bis schließlich doch der Krieg ein Ende nehmen mußte. Eine solche persönliche Information konnte meine Eltern und Geschwister sicher besser überzeugen als der stereotype Satz, der im zweimal monatlich erlaubten Brief stehen mußte, damit er durch die Zensur ging: ›Bin gesund und es geht mir soweit gut.‹

So darf ich Ihnen heute persönlich noch einmal recht herzlich danken für den so wertvollen Samariterdienst, den Sie uns allen durch ein solch riskantes Unternehmen erwiesen haben.

Wir wußten ja sehr wohl, welche Gefahr für Sie selber, aber auch für unsere Base Schwester Adula und eventuell sogar für Ihr Haus dabei eingerechnet werden mußte. Dazu kamen dann ja jeweils noch die wertvollen Lebensmittel, welche Sie bei Ihren Botengängen, den Radtouren herüber von Freising, mitgebracht haben …«

gez. Ludwig Spießl, Pfarrer

Nach dieser geglückten Begegnung mit ihrem Bruder fuhr Schwester Klodulfa nach Weichs zurück. Ich machte mich auf den gewohnten Rückweg nach Freising.

Schönwälder bekam von Häftlingen immer mehr illegale Briefe, die ich befördern sollte. Ich frankierte sie zu Hause und steckte sie in verschiedene Briefkästen. Eines Tages mußte er mir aber sagen, daß die strengen Verordnungen bezüglich der Briefpost wieder viel härter gehandhabt würden als in letzter Zeit. Erneut sei bekanntgegeben worden, daß es strengstens verboten sei, illegale Briefe aus dem Lager zu schmuggeln. Wer es dennoch tue, habe mit der Todesstrafe zu rechnen. Er meine daher, ich solle erst in 14 Tagen wiederkommen. Wir vereinbarten auch gleich einen bestimmten Termin.

Drei bis vier Tage später ließ mich Frau Oberin durch Schwester Vigoris ins Büro rufen. Diese sagte mir unterwegs, dort sei eine Frau, welche die Mädi sprechen möchte. Die Mittvierzigerin stellte sich mir als Frau Steinbüchler aus Dachau, Amperweg Nr. 38, vor. Sie erklärte, sie müsse mir Grüße von einem Herrn Schönwälder ausrichten, wenn mir das ein Begriff sei. Ich antwortete ihr: »Selbstverständlich kenne ich diesen. Er ist der Häftling in der Verkaufsstelle der Plantage im KZ Dachau«. Frau Steinbüchler erzählte, ihre zehnjährige Tochter Christl sei auf der Plantage gewesen. Herr Schönwälder habe ihr einen kleinen Zettel für mich mitgegeben und meine Adresse hier in Freising. Auf dem Zettel war knapp vermerkt, daß ich nicht, wie vorgesehen, erst in zwei Wochen, sondern bereits in der nächsten kommen möchte. Ich solle ein bestimmtes Medikament gegen Typhus mitbringen.

Frau Oberin konnte die Medizin tatsächlich beschaffen lassen, so daß ich die Bitte erfüllen konnte. Bei der nächsten Begegnung sagte mir Herr Schönwälder, daß im Lager Typhus ausgebrochen sei. Es gebe sehr viele Kranke und auch schon Todesfälle. Aus diesem Anlaß hätten die Häftlinge beschlossen, die Vorsicht wegen der Briefe hintanzustellen. Er bat mich, von einigen Medikamenten so viel als nur möglich mitzubringen. Als ich das zu Hause erzählte, schickte Frau Oberin ein paar Schwestern in verschiedene Apotheken Freisings, um so viel zu besorgen, als sie nur bekommen könnten. Sie wollte nicht, daß ich selbst mit der Beschaffung etwas zu tun hätte. Bis zur Einnahme des Lagers durch die Amerikaner habe ich von dieser Zeit an auf all meinen Fahrten nicht nur Lebensmittel, sondern auch die verschiedensten Medikamente mitgebracht.

Eines Tages hatte ich vom Lager einen Brief für den Pallottiner Pater Kaspar Quirmbach mitbekommen. Dieser war Hausgeistlicher im Altenheim Vinzentinum bei der Münchner Kapelle. Ich kannte ihn von Vorträgen, die er in unserer Kapelle für Lehrerinnen hielt. Da der Pater nicht anzutreffen war, konnte ich ihm das Schreiben eines in Dachau gefangenen Mitbruders nicht persönlich geben. Er kam dann selbst nach Sankt Klara, um Näheres über die Vermittlung dieses Briefes zu erfahren. Dabei äußerte er, daß er gerne einmal mit mir nach Dachau fahren würde, um dort eventuell seinen Mitbruder zu treffen.

Bei meiner nächsten Fahrt erhielt ich von Schönwälder die Auskunft, daß dieser Pallottiner in der »Pfeffermühle«[3] arbeite; in die Verkaufsstelle könne er nicht kommen. Wir könnten aber vielleicht unauffällig in dieses Gebäude gehen und dort den Pater finden. Pater Quirmbach begleitete mich nun bald einmal nach Dachau. Ohne aufzufallen konnten wir in die Pfeffermühle kommen. Die Wiedersehensfreude war groß; die beiden Patres konnten kurz miteinander sprechen. Pater Quirmbach wollte anschließend noch eine bekannte Familie in Dachau besuchen. Ich benützte die Gelegenheit, um der Einladung von Frau Steinbüchler zu folgen. Dabei lernte ich ihre beiden Töchter kennen: Anneliese, die ältere, und Christl, die jüngere, die beide mit dem Rad oft auf der Plantage waren, um den Häftlingen Lebensmittel zu bringen. Die Zehnjährige nannten diese liebevoll »Engerl«.

Frau Steinbüchler schenkte mir zum Abschied eine Tüte Äpfel aus ihrem Garten. An der vereinbarten Stelle traf ich mit Pater Quirmbach wieder zusammen. Wir fuhren gemein-

[3] siehe Anhang

Christl Steinbüchler als 10jährige auf dem Weg zum Lager ▷

sam nach Schleißheim. Auf halbem Wege sagte ich: »Ich möchte gern ein wenig rasten und einen Apfel essen.« Dabei dachte ich natürlich an die mir geschenkten. Wir stiegen ab und setzten uns ins Gras. Bevor ich noch meine Äpfel herausholen konnte, reichte mir mein Begleiter schon einen. Ich war momentan überrascht, nahm aber den Apfel und biß kräftig hinein. Der Pater sagte: »Ihre Natürlichkeit gefällt mir. Bleiben Sie nur ja so!« Ich war ganz verlegen und hatte nicht den Mut, ihm einzugestehen, daß ich nicht an seine Äpfel gedacht hätte, sondern an die meinen. Ich wußte ja gar nicht, daß auch er welche hatte. Diese kleine Episode war Anlaß, daß mir diese Fahrt so gut in Erinnerung geblieben ist.

Wieder einmal war ich an einem Septembermorgen 1944 auf meiner üblichen Wochenfahrt nach Dachau. Als ich in die Nähe des Lagers kam, überfiel mich auf einmal eine unerklärliche Angst. Ich hatte nicht den Mut, weiterzufahren. Da sah ich einen kleinen Seitenweg. Blitzschnell durchzuckte mich der Gedanke, ich müßte auch auf diesem zur Gärtnerei kommen und könnte dabei allen Posten ausweichen. So bog ich denn von der Straße ab. Nach einer Weile mündete der Weg in ein Wäldchen. Ich nahm allen Mut zusammen und fuhr hinein.

Plötzlich wurde ich von einem SS-Posten angehalten. Erschrocken stieg ich vom Rad. In scharfem Ton herrschte er mich an: »Ausweis vorzeigen!« Ich erschrak noch mehr, hatte ich diesen doch gar nicht dabei; ich nahm ihn ja mit Absicht nie mit. Nach einer Sekunde des Überlegens sagte ich entschieden: »Meinen Ausweis zeig' ich nicht her; lieber kehr' ich um!« Mit einem Ruck entriß ich ihm mein Rad. Der Posten war von meiner spontanen Reaktion so verblüfft, daß er mich nicht hinderte, den schmalen Weg wieder zurückzufahren.

»Warum wolltest du eigentlich einen Seitenweg einschlagen? Gott ist doch bei dir!« ging es mir durch den Sinn. Meine Angst war verflogen. Ich fuhr meinen gewohnten Weg und alles ging gut. Ich hatte mein Gottvertrauen wieder gefunden.

Anfang Oktober mußte ich nach Kloster Metten. Frau Oberin erklärte mir vorher kurz, daß es um den inhaftierten Abt Korbinian Hofmeister gehe. Dieser sei auch in Dachau, jedoch nicht auf dem Priesterblock, sondern wie Domkapitular Johannes Neuhäusler, Michael Höck, Pastor Niemöller u. a. im »Bunker«. Soweit ich mich erinnere, ging es um schriftliche Angelegenheiten, aber auch um die Sendung von Lebensmittelpaketen. Nach dem Frühstück machte ich mich auf den Weg zum Bahnhof. Als ich die Fahrkarte lösen wollte, stellte ich fest, daß ich meinen Geldbeutel vergessen hatte. In dieser Not wandte ich mich am Schalter um und bat die hinter mir stehende Frau, mir 3,— RM für die Fahrkarte zu leihen. Gerade noch erreichte ich den Zug, der mich bis Landshut brachte. Bis zum Anschluß nach Deggendorf ging ich in den Wartesaal. Dieser war überfüllt von Menschen, die mit ihren letzten Habseligkeiten vor den Russen geflohen waren, die immer weiter nach Westen vorstießen. Im Zug nach Deggendorf saßen drei jüngere Frauen in meiner Nähe. Aus ihrem Gespräch ging hervor, daß ihre Männer in Rußland waren. Eine von ihnen sagte: »Der Krieg ist für uns sowieso verloren.« Ihre Gesprächspartnerin stimmte ihr zu. Da rief die dritte in höchster Erregung und mit vor Zorn bebender Stimme: »Den Krieg dürfen wir nicht verlieren, das läßt der Führer nicht zu, da wäre doch alles umsonst gewesen!« Die beiden anderen Frauen schauten mich erschrocken an. Eisiges Schweigen! Ich war froh, als ich in Deggendorf aussteigen konnte.

In Metten hielt ich mich erst ein wenig bei unseren Schwestern auf. Dann erledigte ich im Benediktinerkloster meine Aufträge bei Pater

Prior. Er sagte mir, daß in der Gepäckaufbewahrung in Landshut ein Paket für Abt Hofmeister hinterlegt sei. Dieses sollte ich auf dem Rückweg mitnehmen und bei meiner nächsten Fahrt nach Dachau bei Familie Haaser abgeben. Die genaue Adresse hätte Frau Oberin Saba. Der Prior zeigte mir noch die Klosteranlage mit der Kirche. Zum Abschied schenkte er mir ein Glas Honig aus der eigenen Imkerei.

Da noch Zeit war, ging ich wieder zu unseren Schwestern. In ihrem großen Garten ernteten sie gerade Obst. Die Oberin gab mir eine ganze Tasche wunderschöner Äpfel mit. Die sollte ich Frau Oberin Saba bringen, doch dürfe ich unterwegs so viele essen, wie ich nur wolle. Das war gut gemeint, aber mein empfindlich gewordener Magen vertrug höchstens einen halben. Obwohl die Schwestern alle sehr freundlich waren, scheute ich mich, ihnen zu sagen, daß ich meine Geldbörse zu Hause hatte liegen lassen. So stieg ich zwar mit meiner Rückfahrkarte, aber ohne einen Pfennig Geld in den Zug. In Landshut sollte ich für die Auslösung des Pakets 40 Pfennige bezahlen. Nun war ich erneut in Verlegenheit. Es blieb mir wieder nichts anderes übrig, als einer fremden Frau meine Not zu berichten und sie um 40 Pfennige zu bitten. Mit freundlichem Lächeln half sie mir aus meiner Bedrängnis. Als ich zu Hause meine Vergeßlichkeit eingestand, nahm Frau Oberin mein Abenteuer gelassen hin. Von Schwester Vigoris mußte ich mir jedoch einen Tadel gefallen lassen.

Bei meiner nächsten Fahrt nach Dachau suchte ich zuerst nach der Wohnung von Familie Haaser. Ich fand sie im zweiten Stock des Miethauses Weinmannstraße 1. In Frau Haaser begegnete ich einer mütterlich gütigen Frau, die bereits Bescheid wußte und mir sagte, daß ihre Tochter Anni das Paket an den Abt vermitteln werde. Sie erzählte mir von ihren sechs Kindern, die ich nach und nach kennenlernen sollte. Auch Herrn Haaser konnte ich bei einem späteren Besuch antreffen. Während mir die freundliche Frau erzählte, mußte ich mit ihr eine Tasse Tee trinken. Das warme Getränk tat gut, da der Oktobertag schon ziemlich kühl war. —

Es war ein trüber Herbsttag, an dem ich wieder einmal Pakete bei Toni Beer abgeben wollte. Zu meiner Verwunderung stellte ich fest, daß sich ihr Verhalten auffallend geändert hatte. Toni ließ sich nicht wie sonst auf eine Unterhaltung mit mir ein, sondern sagte nur kurz: »Mein Vater will Sie sprechen.« Beklommen wartete ich auf Herrn Beer. Er kam auch bald und sagte ungefähr folgendes: »Ich kann für meine Familie und für mich selbst nicht mehr länger die Verantwortung tragen, daß Sie hier Pakete für Häftlinge abgeben. Kommen Sie überhaupt nicht mehr in meine Wohnung!«

So entschieden Herr Beer dieses Hausverbot auch ausgesprochen hatte, ganz ohne Rat und Hilfe schickte er mich doch nicht fort. Er sagte, ich könne Lebensmittelpakete für Häftlinge in der Lager-Post am Eickeplatz aufgeben; sie würden sicher zugestellt. Trotzdem ging ich sehr bedrückt weg.

Als ich in die Verkaufsstelle kam, erzählte ich Herrn Schönwälder von diesem Gespräch. Ich hatte den Eindruck, daß er schon darum wußte; denn auch er wirkte bedrückt. Er gab jedoch keinerlei Kommentar zu meinem schmerzlichen Erlebnis in der Wohnung Beer, die mir bis zu diesem Zeitpunkt fast ein wenig Geborgenheit bedeutet hatte.

Von da an sah und hörte ich nichts mehr von Familie Beer. Erst nach dem Krieg erzählte Pfarrer Schönwälder, daß er zur Entlastung von Herrn Beer angegeben hätte, daß dieser bei der »Paketaktion« für die Häftlinge Gutes getan habe. Es tut mir leid, daß ich seine Tochter nie mehr treffen konnte, um ihr für ihre kameradschaftlich treue Hilfe zu danken. Nach Jahren war nur zu erfahren, daß sie mit dem Journalisten Canaval verheiratet war, den sie als Häftling im KZ Dachau kennengelernt hatte, daß sie aber bereits verstorben sei.

Pater Stanisław wußte sicher auch um die Angelegenheit mit Familie Beer. Er schrieb mir deshalb Namen und Nummern von Häftlingen auf, an die ich künftig die Pakete adressieren sollte. Bei meiner nächsten Fahrt gab ich diese bereits bei der Post am Eickeplatz auf. Ich hatte zwar dabei ein wenig Herzklopfen, aber es ging ganz reibungslos. Schließlich empfand ich diese Lösung sogar erleichternd, weil ich nicht mehr so schwerbepackt an den Posten vorbeifahren mußte. Pater Stanisław konnte mir auch jedesmal bestätigen, daß die aufgegebenen Pakete die Adressaten erreicht hatten.

Der außergewöhnliche Auftrag

In der ersten Adventwoche sagte mir Schönwälder, daß er einen ganz wichtigen Auftrag von Pater Pies für mich hätte. Dabei überreichte er mir zwei Briefe von ihm, die noch nicht zugeklebt waren. Der eine war für Kardinal Faulhaber bestimmt, der andere für den Jesuitenfrater Johannes Zawacki. Vor der Weitergabe an die Adressaten sollte ich sie zuerst selbst lesen, damit ich genau um den Inhalt wüßte. Schönwälder erklärte mir dann noch, daß der Diakon Karl Leisner, der bereits lange Zeit im KZ Dachau inhaftiert sei, schwerkrank im Revier liege. Pater Pies betreue ihn freundschaftlich, zeitweise würde er ihn auch pflegen. Vor kurzem sei ein französischer Bischof auf dem Priesterblock eingeliefert worden. Pater Pies habe mit Karl Leisner und Exzellenz Gabriel Piguet überlegt, ob dieser nicht den todkranken Diakon in der Lagerkapelle zum Priester weihen könne. Dafür sei aber Verschiedenes nötig; Näheres stehe in den beiden Briefen. Pater Pies habe ihm gesagt, daß ich das Schreiben für den Kardinal persönlich überbringen solle. Zawacki sollte mich dabei begleiten. Ich solle die schriftliche Bitte von Pater Pies, die Priesterweihe von Karl Leisner zu genehmigen, mündlich bekräftigen und Zawacki könnte mich dabei unterstützen. Aus folgenden Gründen sollte ich die Erlaubnis schon nächste Woche nach Dachau bringen: Zum einen werde der Bischof sicher nicht lange auf dem Priesterblock bleiben, sondern bald in den Bunker zu den »Ehrenhäftlingen« kommen. Zum anderen sei der Gesundheitszustand des Diakons so schlimm, daß niemand mehr zu glauben wage, Leisner könne die Befreiung aus dem KZ noch erleben. Der Auftrag, den ich mit diesen beiden Briefen erhalten hatte, beeindruckte mich tief. Bevor ich zur Heimfahrt aufbrach, gab mir Schönwälder noch einen größeren Adventkranz für die Schwestern von Sankt Klara und einen kleinen für mich, beide Geschenke der Häftlinge, Zeichen ihres Dankes. Als ich die «Straße der SS« hinter mir hatte, stieg ich vom Fahrrad ab. Es hatte leise zu schneien begonnen. Ich wollte ein Stück zu Fuß gehen und erst einmal meine Gedanken ordnen. Ein tiefes, schwer zu beschreibendes Glücksgefühl stieg in mir auf, hatte ich doch eben einen so hohen Auftrag erhalten. Es war Advent, schon seit Kindertagen war das für mich eine besondere Zeit; die Häftlinge hatten mir ein liebevoll gebundenes Adventkränzlein geschenkt.

Zu Hause angekommen, las ich mit Frau Oberin und Schwester Vigoris die beiden Briefe. Dann klebte ich sie mit dem Wunsch zu, daß sie die Adressaten sicher erreichen möchten. Den für den Jesuitenfrater Zawacki in Pullach bestimmten warf ich in einen Briefka-

Kardinal Michael Faulhaber ▷

Fr. Johannes Zawacki SJ

P. Otto Pies SJ links mit Diakon Karl Leisner

sten der Stadt. Den für Kardinal Faulhaber verwahrte ich sorgsam.

In der zweiten Adventwoche kam Frater Zawacki zu uns. Er hatte schon im Sommer einige Male Frater Berschtl kurz besucht. So waren ihm Sankt Klara und die Schwestern nicht fremd. Ich kannte ihn von daher flüchtig. Gemeinsam fuhren wir nach München. Die Jesuiten von Pullach hatten uns im erzbischöflichen Palais schon angemeldet; Sekretär Hubert Wagner erwartete uns bereits. Er führte uns in ein kostbar ausgestattetes Barockzimmer. Dort übergab ich ihm den Brief. Er ging damit gleich zum Erzbischof. Nach kurzer Zeit kam er mit diesem zurück. Der Kardinal begrüßte uns freundlich und fragte uns nach Namen und Tätigkeit. Er wollte wissen, wie ich überhaupt auf die Plantage gekommen sei. Lange ließ er mich erzählen, ab und zu stellte er eine Zwischenfrage, um Genaueres über das von mir Erlebte zu erfahren. Das Gespräch dauerte ungefähr eine Stunde. Schließlich sagte der Erzbischof, wir sollten eine Weile warten, während er mit seinem Sekretär wegging. Nach etwa einer halben Stunde kehrten beide zurück. Der Kardinal übergab mir den Brief mit der Erlaubnis zur Priesterweihe. Der Sekretär brachte die heiligen Öle, die notwendigen Ritualbücher und eine Stola. Sehr ernst trug uns der Kardinal auf, daß wir über diese Sache strenges Schweigen bewahren müßten. Nach der Weihe müsse ich eine glaubwürdige Bestätigung bringen und die eben erhaltenen Gegenstände wieder im Palais abliefern.

Zu Beginn unserer Begegnung wirkte der Kardinal sehr zurückhaltend. Im Verlauf des Gesprächs wurde er aufgeschlossener. Er redete mich mit meinem Vornamen an, sagte aber nicht »Josefa«, sondern »Josefine«. Bevor er uns mit herzlichen Wünschen entließ, gab er uns seinen Segen. Zawacki kehrte nach Pullach zurück[4]. Noch in der gleichen Woche brachte ich am vereinbarten Tag den für die Priesterweihe entscheidenden Brief und die nötigen Gegenstände nach Dachau. Pater Pies kam unter irgendeinem Vorwand zu Schönwälder ins Verkaufsbüro. Er wollte möglichst bald erfahren, wie unser Gespräch bei Kardinal Faulhaber verlaufen sei, und ob ich die wichtigen Unterlagen mitgebracht hätte. Zu seiner großen Freude konnte ich ihm alles übergeben. Er sagte mir, daß schon am kommenden Sonntag, 17. Dezember, dem Gaudete-Sonntag, die Weihe stattfinden werde.

[4] siehe Anhang

Am zweiten Weihnachtsfeiertag, dem Fest des hl. Stephanus, war dann die Primiz von Karl Leisner in der Lagerkapelle[5]. Am 27. Dezember war ich wieder in Dachau. Schönwälder gab mir die Weihebestätigung und jene Gegenstände, die ich für die Spendung des Sakramentes von Kardinal Faulhaber erhalten hatte, mit der Bitte zurück, alles bei diesem abzuliefern.

An diesem 27. Dezember hatte mich Pater Quirmbach ins Lager begleitet und die Gelegenheit benützt, persönlich Pakete für seine Mitbrüder abzugeben. Sie zu schicken, war nicht mehr möglich, da viele Bahnhöfe bombardiert und die Züge oft von feindlichen Tieffliegern beschossen wurden. Als wir beide auf der Rückfahrt in Schleißheim ankamen, mußten wir sehen, wann der nächste Personenzug nach Freising abgehe; planmäßigen Verkehr gab es schon nicht mehr. Es lag nur wenig Schnee und war auch nicht sehr kalt. Wir lehnten unsere Räder an die Sperre und begannen zu warten. Da ich kein Gespräch führen, sondern mit meinen Gedanken allein sein wollte, sagte ich Pater Quirmbach, er könne ruhig in den Wartesaal gehen; ich würde auf die Fahr-

5 siehe Anhang

räder aufpassen und ihn holen, wenn ein Zug käme.

Die Häftlinge hatten mir begeistert von Karl Leisners Weihe und Primiz erzählt. Davon war ich noch ganz erfüllt. An das Holzgitter gelehnt, hing ich meinen Gedanken nach. Ich sah zwar einen Zug einfahren, vermochte aber nicht darauf zu reagieren. Erst als dieser nach wenigen Minuten wieder davonrollte, kam ich zu mir. Blitzartig ging es mir durch den Sinn: Der fährt ja Richtung Freising! Ich lief zum Wartesaal und rief: »Der Zug fährt ab!« Als Pater Quirmbach herauskam, konnten wir gerade noch das Ende des letzten Wagens sehen. Mein Begleiter war entsetzt, ich vollkommen zerknirscht. Es konnte ja Stunden dauern, bis wieder ein Zug kam. Der Pater mißtraute nun meiner Wachsamkeit und wollte nicht mehr in den Wartesaal gehen. Wir hatten jedoch großes Glück. Nach etwa einer Stunde hielt wieder ein Zug, der uns nach Freising brachte.

Azaleen für die Eltern

Zu Weihnachten schickte mir meine Mutter ein Päckchen, dem ein Brief meines Vaters beilag. Darin schrieb er, es sei ihnen von verschiedenen Personen erzählt worden, sie hätten mich auf dem Weg nach oder von Dachau getroffen. Zu Hause wäre man bisher der Meinung gewesen, ich sei bei den Schwestern in Freising gut aufgehoben; nun hätten sie wiederholt erfahren müssen, daß ich offensichtlich viel unterwegs sei, und daß zu ihrer Verwunderung in diesem Zusammenhang immer der Name »Dachau« falle. Sie möchten gerne wissen, was es denn damit für eine Bewandtnis habe.

Ich sprach über diesen Brief mit Schwester Vigoris. Sie meinte, ich solle in der Angelegenheit besser nicht schreiben. Sie würde mit Frau Oberin überlegen, ob ich nicht im Januar zwei Wochen daheim verbringen könne. Kurz nach Neujahr fuhr ich wieder nach Dachau auf die Plantage. Ich erzählte dort, ich würde jetzt zwei Wochen bei meinen Eltern Urlaub machen. Auf der Rückfahrt von zu Hause käme ich dann wieder vorbei. Die Häftlinge wollten meinen Eltern eine Freude machen und gaben mir für sie vier rosarote Azaleenstöckchen mit, eine rührende Geste dieser armen Männer. Bisher hatte ich Azaleen mit so wunderschönen Blüten kaum einmal gesehen und ich freute mich riesig, meine Eltern damit überraschen zu können. Nach dem Lagerbesuch stellte ich mein

Fahrrad bei Steinbüchlers ein, dann fuhr ich mit dem Personenzug über Ingolstadt nach Adelschlag, der Bahnstation von Möckenlohe. Es war schon dunkel, als ich daheim ankam. Meine Mutter wurde von Überraschung und Freude überwältigt, ihre Augen füllten sich mit Tränen.

An diesem ersten Abend war ich mit meinen Eltern allein. Meine fünf Jahre ältere Schwester lebte mit ihrem kleinen Sohn in Eichstätt, ihr Mann war als Sanitäter in Rußland. Mein drei Jahre jüngerer Bruder war beim Arbeitsdienst. Nach dem Abendessen brachte ich selbst die Sprache auf meine Fahrten nach Dachau. Ich fühlte, daß meine Eltern schon sehr darauf warteten. Sie erschraken zwar, und spürbar stieg die Sorge um mich in ihnen auf. Trotzdem waren sie bemüht, mich zu verstehen, ja noch mehr: Letztlich waren sie mit dem, was ich tat, einverstanden. Ich gewann den Eindruck, daß insbesondere mein Vater meine Fahrten nach Dachau nicht nur billigte, sondern sogar stolz auf mich war. Es bedeutete ihm offensichtlich eine Genugtuung, daß ich das tun durfte und tat. Er selbst litt ja immer darunter, daß er sich in seiner Abneigung dem Regime gegenüber zurückhalten mußte und seine Ablehnung nicht deutlicher zum Ausdruck bringen konnte. —

Als ich im Sommer 1942 meine Ferien zu Hause verbracht hatte, war ich eines Tages unserem Bürgermeister begegnet. Er kam mit mir ins Gespräch und im Verlauf desselben legte er mir nahe, doch auf meinen Vater einzuwirken, daß er seine politische Meinung nicht gar so offen zum Ausdruck bringen solle, wie er das tue. Der Mann war im Grund gut gesinnt, seine jüngste Tochter war wie ich Kandidatin bei den Schulschwestern. Er dachte in seinem Herzen wohl wie fast alle im Dorf; aufgrund seines Amtes war er jedoch in einer sehr schwierigen Lage. Er sagte mir noch, eigentlich hätte er meinen Vater schon wiederholt anzeigen müssen, er wolle das aber vermeiden. Vater müsse jedoch unbedingt zurückhaltender sein.

Ich war damals von diesem Gespräch wenig beeindruckt; denn ich war politisch genau so gesinnt wie mein Vater. Daheim erzählte ich deshalb zwar von dieser Unterredung, jedoch nur ganz objektiv-sachlich, ohne meinen Vater irgendwie beeinflussen zu wollen. Ich hatte auch keine Angst um ihn; denn als Elf- oder Zwölfjährige hatte ich diesbezüglich ein Schlüsselerlebnis. Es gab mir die Sicherheit, daß man in einem Dorf einen angesehenen Mitbürger nicht einfach denunzieren und aufgrund einer negativen politischen Äußerung verhaften und einsperren könne.

Es war im Sommer 1935 oder 1936. Wie schon oft, fuhr ich mit meinem Fahrrad nach Ochsenfeld, um meine Firmpatin zu besuchen. Ihre Tochter Resi freute sich besonders, wenn ich kam. Sie war ein paar Jahre älter als ich und erzählte gerne von ihren Erlebnissen. Dieses Mal hatte Resi mir von einem ganz besonders aufregenden Ereignis zu berichten: Der Pfarrer des Ortes, Willibald Heimloth, war kurz zuvor von den Nazis verhaftet und nach Eichstätt gebracht worden. Angeblich hatte er auf der Kanzel gegen die Euthanasie gewettert. Obwohl ich nicht wußte, was dieses Wort bedeutet, genügte es mir, daß es dabei gegen Hitler ging.

Wir standen während des Erzählens am Verkaufstisch in der Bäckerei. Wenn jemand kam, bediente Resi rasch, um gleich wieder weitersprechen zu können. Sie glühte fast vor Aufregung und Begeisterung, als sie mir ausführlich schilderte, wie man im Ort auf die Verhaftung des Pfarrers reagiert habe: Das ganze Dorf war auf den Beinen; niemand ging seiner gewohnten Arbeit nach, hellicht empört über das Geschehene. Eine Abordnung von Männern fuhr sofort nach Eichstätt, um den Pfarrer wieder heimzuholen. Sie ließen sich dort weder beruhigen noch abweisen, bevor sie nicht die sichere Zusage hatten, daß ihr Pfarrer bald wieder nach Hause komme. Dies geschah auch tatsächlich. Noch längere Zeit bewachten abwechselnd Gruppen von Männern den Pfarrhof auch nachts, damit ihr Seelsorger nicht noch einmal weggeholt werden könne.

Da wir durch das Schaufenster des Ladens einen freien Blick zur Kirche und auf das Pfarrhaus hatten, war der Bericht von Resi besonders anschaulich.

Mir gab diese Erzählung die Gewißheit, daß eine geschlossene Dorfgemeinschaft einen bedrohten Einzelnen schützen und retten kann. Diese innere Sicherheit ließ in mir keine Sorge um meinen Vater aufkommen. —

Die beiden Ferienwochen bei meinen Eltern waren sehr schön, doch nicht ohne Schatten. Mein Cousin Stefan war gefallen. Seine Eltern hatten mit ihm schon den zweiten Sohn durch den Krieg verloren; nur der älteste war ihnen geblieben. Auch für mich war dieser Tod recht schmerzlich, denn ich war durch die gemeinsame Schulzeit sehr mit meinen Cousins verbunden. Der Seelengottesdienst für Stefan wurde während meiner Urlaubstage gefeiert. Meine Mutter stellte die vier Azaleenstöckchen an die Tumba. Zwei davon schenkten wir nach dem Trauergottesdienst Stefans Mutter, meiner Tante und Taufpatin. So hatten die Azaleen aus dem Lager von Dachau noch einmal eine besondere Bedeutung für mich bekommen. Sie wurden mir zum Symbol dafür, wie eng Freude und Leid im Leben verbunden sind. —

Meine Mutter verwöhnte mich in diesen zwei Wochen, so weit das im Krieg nur möglich war. Das war sehr gut für mich. So konnte ich mich von den Strapazen der vergangenen Monate ein wenig erholen und neue Kraft sammeln, kamen doch schwere Wochen auf mich zu.

Am Vorabend meiner Abreise packte Mutter mit mir ein großes Lebensmittelpaket für die Häftlinge; sie wollte gerne die Freude erwidern, die ihr diese gemacht hatten. Da wir eine kleine Landwirtschaft führten, war es leichter möglich, Brot, Butter, Wurst und Geräuchertes wegzugeben. Besonders meiner Mutter fiel der Abschied von mir sehr schwer. Sie begleitete mich noch bis zum Bahnhof und beschwor mich vor dem Einsteigen, ja vorsichtig zu sein.

In Dachau ging ich zuerst zu Frau Steinbüchler, um mein Fahrrad abzuholen. Für sie und für Frau Haaser hatte ich auch einige Lebensmittel mitgebracht. In beiden Familien konnte ich mit diesen damals so raren Dingen viel

Freude bereiten. Dann fuhr ich zur Post am Eickeplatz und gab dort das Paket für das Lager auf. Mit dem, was meine Mutter für mich eingepackt hatte, konnte ich Herrn Schönwälder und Pater Stanisław beschenken. Sie waren sehr dankbar und erzählten mir, daß sich in den vergangenen zwei Wochen, in denen ich nicht mehr auf der Plantage war, unter den Häftlingen eine sehr depressive Stimmung ausgebreitet habe. Der Hunger würde mit jedem Tag größer, der Typhus greife immer mehr um sich. Schon im Sommer 1944 hatten die Häftlinge mit der baldigen Befreiung gerechnet, hatten gehofft, daß sie Weihnachten zu Hause wären. Aber immer noch war keine Aussicht, daß der Krieg bald ein Ende nehme. Diese düsteren Eindrücke legten sich schwer auch auf meine Seele, und in gedrückter Stimmung fuhr ich nach Freising zurück.

Wintereinbruch — Typhus-Epidemie im Lager

In Sankt Klara hatte sich während meiner Abwesenheit viel an Lebensmitteln für die Häftlinge angesammelt. Was die Schwestern zu Weihnachten von ihren Angehörigen an Eßwaren erhalten hatten, legten sie für Dachau beiseite. Ich packte mit Schwester Vigoris mehrere Pakete. Auch für den Abt von Metten war eines abgegeben worden, das ich befördern sollte.

Inzwischen war der Winter in aller Härte eingebrochen. Es gab sehr viel Schnee und war eisig kalt. Da in Freising die Straßen frei waren, machte ich mir keine Sorgen für die weitere Fahrt. Als ich aber in Schleißheim auf die Straße kam, die nach Dachau führt, stellte ich zu meinem Schrecken fest, daß sie nicht geräumt war. Sie mußte zwar von ein paar Fahrzeugen benutzt worden sein; denn im hohen Schnee waren tiefe Rinnen. Umsonst versuchte ich mehrmals, mein Rad zu besteigen.

Inzwischen hatte es auch wieder zu schneien begonnen. Schließlich blieb mir nichts anderes übrig, als die 10 km weite Strecke zu Fuß zurückzulegen und mein schwer bepacktes Fahrrad zu schieben. Das war äußerst mühsam.

Die Mittagszeit war schon vorüber, als ich schweißgebadet und dennoch durchgefroren in der Wohnung Haaser ankam. Die gute Frau entsetzte sich über mein Aussehen; Augenbrauen und Haare waren dick bereift. Ich mußte gleich die Stiefel ausziehen und alles, was naß war, zum Trocknen aufhängen. Voll

Mitleid kochte sie mir Tee. Das heiße Getränk tat gut. Inzwischen kam ihre Tochter Maria mit ihrer Vierjährigen zu Besuch. Die Mutter erzählte ihr gleich von meinen heutigen Strapazen. Da hatte Maria eine gute Idee. Sie meinte, ich solle die Pakete auf den Schlitten ihrer Kleinen umladen und diesen zur Plantage ziehen. So müsse der Weg für mich leichter sein.

Als ich mich einigermaßen von meiner Erschöpfung erholt hatte, bepackten wir den Schlitten. Ich zog ihn zur Post am Eickeplatz und dann weiter zu Schönwälder. Das kurze Gespräch mit ihm und Frater Stanislaus war für mich wieder sehr deprimierend. Ich mußte hören, daß kaum noch Pakete kämen, da immer mehr Bahnstrecken unterbrochen seien. Auch der Typhus greife im Lager schrecklich um sich. Schweren Herzens verabschiedete ich mich. Ich brachte den Schlitten zu Haasers zurück und machte mich auf den mühsamen Rückweg. Das Fahrrad war wenigstens nicht mehr so beladen wie am Morgen; denn der Tee, den ich eingekauft hatte, war längst nicht so schwer wie die Lebensmittel und Medikamente. In Schleißheim erreichte ich zum Glück noch einen Zug nach Freising. Dort hatten sich die Schwestern bereits sehr um mich gesorgt. Ich berichtete, daß ich alle Wege zu Fuß hatte machen müssen, und sagte, das nächste Mal wolle ich gleich den Schlitten nehmen.

Ich erzählte, daß Hunger und Typhus im Lager immer schlimmer würden. Die Häftlinge hätten mich wieder sehr bedrängt, Medikamente gegen die Epidemie zu bringen. Schwester Vigoris ging daraufhin in den nächsten Tagen zu den ihr bekannten Apothekern, um entsprechende Mittel vertraulich zu erbitten. Da sie für die wirtschaftlichen Belange im Kinder- und Altenheim wie auch im landwirtschaftlichen Betrieb von Sankt Klara die Verantwortung hatte und diese Aufgabe umsichtig erfüllte, war sie in den Geschäften des Ortes bekannt und geschätzt. So konnte sie immer wieder Medikamente für Dachau beschaffen. Frau Oberin Saba, die zwar stets mitsorgte, konnte jetzt eine gewisse Skepsis gegenüber den Hilfsaktionen nicht verhehlen. Ich höre noch, wie sie traurig sagte: »Alle unsere Anstrengungen sind ja doch nur ein Tropfen auf den heißen Stein!« Ich aber glaubte, daß dieser Tropfen auf den heißen Stein für viele Häftlinge eine das Leben rettende Hilfe war.

In der gleichen Woche fuhr ich trotz der schlimmen Wetter- und Straßenverhältnisse noch einmal nach Dachau. Ich bepackte mit

Schwester Vigoris diesmal einen Schlitten und brach auf. Doch die lange Wegstrecke Schleißheim—Dachau mit dem schwerbeladenen Schlitten zurückzulegen, forderte fast die gleiche Anstrengung wie mit dem Rad. Im Lager konnte ich wieder viel Freude machen; das wog alle Strapazen auf.

Es war auch dieses Mal schon dunkel, als ich vom Bahnhof in Richtung Sankt Klara meinen Schlitten müde hinter mir herzog. Auf dem Weg traf ich mit dem Sekretär des Kardinals zusammen. Ich flüsterte ihm zu: »Ich komme eben aus Dachau.« Mehr sprachen wir nicht. Als Schwester Vigoris meine übergroße Erschöpfung bemerkte, beschloß sie, künftig die Kandidatin Maria mitzuschicken, was dann auch ein paarmal geschah.

Kardinal Faulhaber hatte wegen der schweren Fliegerangriffe auf München im Dezember und Januar Wohnung auf dem Domberg in Freising genommen. Unsere Generaloberin M. Almeda vermittelte mir Ende Januar eine Audienz bei ihm. Ich brachte die schriftliche Bestätigung von der Priesterweihe Karl Leisners, die Ritualbücher und die Stola zurück. Die Situation war dieses Mal ganz anders als bei meinem Besuch in München. Der Kardinal kannte mich bereits, von Anfang an spürte ich sein Vertrauen. Er ließ mich gleich erzählen, was ich inzwischen erlebt hatte und was ich Neues aus den Berichten der Häftlinge wußte. Während dieses Gesprächs nannte er mich einmal »eine Tarzisia[6] unserer Tage«. Er fragte mich auch, ob ich wirklich schweigen könne. Ich schaute ihn verwundert an und sagte überzeugt, daß ich das sehr wohl fertig brächte. Mit leisem Vorwurf, doch trotzdem väterlich gütig entgegnete er: »Sie haben aber meinem Sekretär auf der Straße gesagt, daß Sie von Dachau kämen!« Zum Abschied segnete er mich und zeichnete mir auch ein kräftiges Kreuz auf die Lippen mit dem Wunsch, daß ich mein Schweigen in dieser gefährlichen Zeit halten könne.

Bei meiner nächsten Fahrt nach Dachau erzählte ich Schönwälder und Pater Stanisław von diesem Besuch bei Kardinal Faulhaber. Ich erwähnte auch, daß er mich im Verlauf des Gesprächs einmal »Tarzisia« genannt hatte. Pater Stanisław, der schon seit langem über einen passenden Schwesternnamen für mich nachdachte, war begeistert und meinte, diesen Namen müsse ich mir bei der Aufnahme in den Orden geben lassen. Dieser Wunsch erfüllte sich allerdings nicht. Augenblicklich war ohne-

[6] siehe Anhang

hin nicht an eine Einkleidung zu denken. Die politische Lage spitzte sich von Woche zu Woche zu. Auch die Freisinger mußten jetzt fast jede Nacht wegen drohender Fliegerangriffe den Luftschutzkeller aufsuchen. Ich war damals für zehn bis zwölf Buben im Alter von 3—6 Jahren verantwortlich. Sie mußten aus dem Schlaf gerissen, in den Keller gebracht und dort auf ihre Liegen gebettet werden. Öfter gab es dabei bittere Tränen. —

Während die Sehnsucht nach einem Ende des Krieges in der Bevölkerung immer mehr wuchs, steigerte sie sich bei den Häftlingen beinahe ins Unerträgliche. Von Schönwälder weg ging ich fast jedes Mal in die Pfeffermühle und sprach mit den dort Beschäftigten. Sie lebten nur noch von der Hoffnung, daß die Befreiung demnächst kommen müsse.

Es war jetzt oft sehr naß, regnerisch trüb und unangenehm kühl. Das drückte allgemein die Stimmung; im Lager wirkte sich dieses Wetter ganz besonders schlimm aus. Täglich starben viele Häftlinge. Pater Pies und Schönwälder baten mich um heiliges Öl, damit sie den Sterbenden das Sakrament der Krankensalbung spenden könnten. Ich besorgte es beim Sekretär des Kardinals auf dem Domberg und durfte damit vielen einen letzten Trost ermöglichen.

Die Nachrichten von den Fronten wurden täglich bedrückender. Trotzdem hingen an der Dombergmauer immer noch Transparente mit der Aufschrift: »Wir wollen den totalen Krieg!« und ähnlichen Durchhalteparolen. Sie waren bereits verwaschen und teilweise zerrissen; aber niemand nahm sie ab. Doch vermochten sie die Vorübergehenden nicht mehr aus ihrer stumpfen Gleichgültigkeit und müden Hoffnungslosigkeit herauszureißen.

Letztes Wiedersehen mit dem Bruder

In den letzten Februartagen bekam ich überraschend Besuch von meinem Bruder. Er war aus dem Arbeitsdienst entlassen worden und sollte auf seinen Einberufungsbefehl zum Militär warten. Die Freude war auf beiden Seiten groß, da wir uns lange nicht mehr gesehen hatten. Mein Bruder wollte ein paar Tage bei mir bleiben. Noch am gleichen Nachmittag schauten wir uns den Dom an und machten einen Spaziergang durch die Stadt. Als wir nach Hause kamen, erwartete uns ein Telegramm unseres Vaters mit der Nachricht, Josef solle sofort zurückkehren; am übernächsten Tag müsse er einrücken.

Der Abend verblieb uns noch zum Abschiednehmen. Wir waren seit Kindertagen einander eng verbunden. Nun bedrückten uns schlimme Vorahnungen. Am Morgen begleitete ich meinen Bruder zum Bahnhof. Traurig stand Josef am offenen Fenster des Abteils, traurig schaute ich zu ihm auf. Noch einmal reichten wir uns die Hände. Ich lief ein Stückchen neben dem schon fahrenden Zug her, ein letztes gegenseitiges Winken. Schweren Herzens ging ich allein nach Sankt Klara zurück. Wir sollten uns tatsächlich nicht mehr sehen. —

Ende März traf ich am Freisinger Bahnhof völlig unerwartet mit meinem Vater zusammen. Ich erschrak an seinem traurigen Gesicht. Bedrückt reichte er mir die Hand zum Gruß. Nicht die leiseste Wiedersehensfreude war zu spüren. Er sagte zunächst nur, er wolle mit mir nach Sankt Klara gehen. Auf dem Weg erzählte er mir, daß ihm Tante M. Stanislava aus Lenggries telefonisch mitgeteilt habe, Josef würde demnächst in den Westen abkommandiert. Er sei daraufhin mit Lebensmitteln nach Lenggries gefahren, um seinen Buben noch einmal zu sehen. Dort angekommen, habe er ihn aber nicht mehr angetroffen. Seine Abteilung war bereits aufgebrochen. Nun wolle er mich besuchen, die Lebensmittel solle ich bei meiner nächsten Fahrt für die Häftlinge mitnehmen. Mein Vater und ich waren von der düsteren Ahnung erfüllt, daß wir Josef nicht mehr sehen würden. Und wirklich fiel mein Bruder schon am 8. April bei Kämpfen in Württemberg, kaum 18 Jahre alt. Meine Eltern erhielten die schmerzliche Nachricht kurz vor Pfingsten, ich erst Anfang Juni.

Auflösungserscheinungen

Mitte Februar war der Schnee so weit geschmolzen, daß ich wieder mit dem Rad fahren konnte. Es war das einzige Rad, das Sankt Klara besaß und das von allen Mädchen des Hauses benützt wurde. Fast war es ein Wunder, daß ich damit noch nie eine Panne erlebt hatte. Die Reifen waren bereits abgefahren, das Rad auch sonst nicht mehr in bestem Zustand, Ersatzteile waren nicht erhältlich. Eines Tages hatte ich Pech. Ich kam noch zum Eickeplatz, um meine Pakete aufzugeben und war nun auf dem Weg zur Plantage. Da, ein kurzes, helles Pfeifen — einer der Fahrradschläuche war platt. Niedergeschlagen schob ich mein Rad zur Plantage. Ich sah mich bereits den ganzen weiten Weg bis Schleißheim zu Fuß gehen und mein kaputtes Rad neben mir herschieben. Max, der polnische Junge, der immer um die Wege war, wenn ich erwartet wurde, erkannte auf den ersten Blick mein Mißgeschick. Voll Freude rief er: »Fräulein, das kann ich richten!« und nahm mir das Rad ab.

Als ich aus dem Verkaufsbüro kam, stand der Junge bereits mit dem reparierten Fahrrad vor der Tür. Er strahlte übers ganze Gesicht. Es machte ihn überglücklich, daß er einmal nicht bloß von mir etwas bekam, so sehnsüchtig er auch jedesmal auf das für ihn mitgebrachte Brot wartete, sondern daß er einmal für mich etwas tun konnte. Das nötige Material zum Flicken des Schlauches hatte er in der Fahrradtasche gefunden. Von diesem Tag an kontrollierte Max, so oft ich kam, eingehend mein Fahrrad.

Eine andere Freude erlebte ich bei meinen Fahrten im März. Herr Gaster gab mir öfter für unsere Kapelle selbstgezogene rosarote und weiße Primeln mit. Am Karfreitag schmückten sie unser »Heiliges Grab«. Das waren die letzten Blumen, die ich von der Plantage nach Hause brachte.

Eines Morgens im März erwartete mich überraschend Frater Berschtl mit einem mir noch unbekannten Mitbruder, Frater Bernhard Gluth. Dieser war mit einem Flüchtlingszug aus Schlesien nach Bayern gekommen. Frater

Berschtl erbat für sich und Frater Gluth vorübergehend Aufnahme in Sankt Klara. Voll drängender Sorge fragte er mich, was ich Neues aus Dachau wüßte und wie es Pater Pies gehe. Ich berichtete ihm über die dortige Situation: Der Hunger sei unerträglich geworden, der Typhus wüte verheerend, die Häftlinge könnten das Ende ihrer Leidenszeit kaum noch erwarten.

Ende März sagte mir Schönwälder, im Lager sei große Aufregung. Seit Tagen würden kleinere Gruppen von deutschen Priestern entlassen. Es gäbe manche freudige Überraschung, aber auch schmerzliche Enttäuschungen. Unter den Glücklichen waren auch Mitbrüder von Pater Eichten. Sie kamen zu uns nach Freising und ich durfte ihr unverhofftes Wiedersehen mit unserem Hausgeistlichen miterleben. Die gegenseitige Freude war überwältigend.

Frau Oberin Saba nahm viele entlassene Häftlinge vorübergehend auf, es waren hauptsächlich Priester aus der Diözese Münster. Ich erinnere mich zum Beispiel noch sehr gut an Prälat Reinhold Friedrichs. Einige stammten auch aus österreichischen Diözesen. Manchmal waren gleich 8—10 Männer in unserem Haus untergebracht. Sobald sich eine Möglichkeit bot, in die Heimat zu kommen, verabschiedeten sie sich voll Dankbarkeit. Andere Häftlinge fanden gastliche Aufnahme bei den Schwestern des Vinzentinums, wo Pater Quirmbach wirkte.

Nach Kriegsende schlichen sich allerdings auch »schwarze Schafe« ein. An einen solchen Schwindler erinnere ich mich noch gut. Er kam angeblich aus einem KZ — nicht aus Dachau — und erzählte grauenhafte Dinge. Man glaubte ihm; denn zuviel wußte man inzwischen von Grausamkeiten in den Lagern. Doch eines Tages wurde der Mann von der Polizei abgeholt, und wir erfuhren, daß alles, was er erzählt hatte, erfunden war.

Immer gefährlicher wurden auch meine Fahrten nach Dachau, denn mehr und mehr beschossen Tiefflieger die Züge. In den ersten Aprilwochen überlegten deshalb Frau Oberin Saba und Schwester Vigoris wieder einmal mit mir, ob ich nicht besser die ganze Strecke nach Dachau mit dem Rad zurücklegen und eine Begleitung mitnehmen solle. Frater Gluth SJ war gerne bereit, mit mir zu fahren. Als wir uns am 18. April auf den Weg machten, war es auf den Straßen noch verhältnismäßig ruhig. In gewohnter Weise konnten wir auch unsere Pakete am Eickeplatz aufgeben und unsere Aufträge bei Schönwälder und in der Pfeffermühle erledigen. Diesmal konnten wir sogar durch die ganze Plantage gehen; alles war schon irgendwie in Auflösung begriffen. Nach dieser strapaziösen Tour machten wir bei Familie Steinbüchler Rast. Dort drehten sich unsere Gespräche nur noch um das Kriegsende und die erwartete Befreiung des Lagers.

Wir radelten auf einer anderen Strecke zurück, weil wir unterwegs an zwei Orten kurze Besuche machen wollten. Als wir auf der Landstraße dahinfuhren, flogen plötzlich schwere Bomber über uns hinweg. Wir verfolgten ihre Richtung. Erschrocken rief ich: »Die fliegen ja nach Freising!« Frater Gluth konnte mir die Angst nicht nehmen. Bald hörten wir dumpfe Detonationen. Während wir uns vorher angeregt unterhalten hatten, wurde ich jetzt ganz still. Es war die Angst um Freising und seine Bewohner, um Sankt Klara, seine Kinder und Schwestern. Diese Angst schnürte mir die Kehle zu.

Noch unterwegs erfuhren wir, daß der Angriff wirklich Freising gegolten hatte. Als wir uns der Stadt näherten, sahen wir, daß das Bahnhofsviertel zerstört war. In Sankt Klara, das nur 15—20 Minuten davon entfernt ist, gab es Gott sei Dank nur Fensterschäden. Die ganze Stadt war wie gelähmt von Schreck und Trauer.

Trotzdem fuhr ich zwischen dem 18. und 28. April noch einmal mit dem Rad ins Lager, begleitet von Pater Quirmbach. Er war übernervös und erzählte mir vom Fliegerangriff am 18. April, den er im Keller des Vinzentinums erlebt hatte. Das Gebäude war im Bombenhagel größtenteils zerstört worden. Er selbst war mit den übrigen Bewohnern des Hauses bei diesem Angriff in höchster Lebensgefahr gewesen. Nun konnte ich seine übergroße Nervosität verstehen. Auf der Straße tat sich allmählich ein Chaos auf, wie ich es noch nie erlebt hatte. Menschen mit ihrem letzten Hab und Gut, verstaut in Kinderwägen, in kleinen Handwägelchen, auf Fahrrädern und Schubkarren, drängten in wirrem Durcheinander von Nordost her in Richtung Südwest. Auch Soldaten waren unter der Menge. »Es wäre wirklich nicht zu verantworten, daß ein Mädchen unter solchen Umständen allein mit dem Fahrrad unterwegs ist«, meinte Pater Quirmbach, den offenbar Frau Oberin Saba gebeten hatte, mich zu begleiten. Wir kamen trotz allem gut nach Dachau und konnten sogar noch unsere Pakete aufgeben. Anschließend fuhren wir zu Schönwälder und erledigten unsere geheimen Aufträge. Bei ihm und in der Pfeffermühle trafen wir noch einmal viele bekannte Häftlinge.

Es war die letzte Begegnung mit ihnen im Lager. Überall war unbeschreibliche Hektik spürbar. Wir waren noch auf der Plantage, als die Sirenen plötzlich Fliegeralarm gaben. Im Nu waren alle Häftlinge verschwunden. Wir ließen unsere Fahrräder fallen und warfen uns auf den Boden. Über uns donnerten die Bomber; wir kamen mit dem Schrecken davon. Auf dem Heimweg bot sich uns das gleiche Bild wie auf der Hinfahrt. Erschöpft kamen wir in Freising an, dankbar, daß wir den Tag heil überstanden hatten.

Letzte Fahrt ins Lager — Begegnung mit dem Elendszug

Ich hatte mit Schönwälder vereinbart, am 28. April wiederzukommen, obwohl sich nicht sagen ließ, ob das überhaupt noch möglich wäre. Ich war nicht gut informiert, wie weit die Front schon herangerückt sei. Die Schwestern hatten große Bedenken, mich noch einmal fahren zu lassen; aber ich hielt mich durch mein Versprechen dazu verpflichtet.

◁ *Marschkolonne der Häftlinge*

Am Vorabend des Tages bat ich Schwester Vigoris, mit mir alle entbehrlichen Lebensmittel zusammenzupacken. Frater Berschtl ersuchten wir, mich zu begleiten. Als wir aufbrachen, merkte ich, daß dieser gar nicht gern mitfahren wollte. Die Auflösungserscheinungen waren nämlich auch in Freising schon schlimm geworden. Mein Begleiter erklärte mir, er wolle erst hören, was der Rundfunk an neuesten Nachrichten bringe. Zu diesem Zweck gingen wir in ein Haus am Marktplatz. Vorsichtshalber trugen wir die Fahrräder in den Hausflur. Im Wohnzimmer trafen wir Frater Gluth an, der mit der Familie vor dem Rundfunkgerät stand. Was wir nun hörten, war für mich ungemein spannend. Immer wieder wurde durchgesagt, daß der Sender von der »Freiheitsaktion Bayern« eingenommen sei. Ich war von dieser Nachricht fasziniert. Zwischen den Worten der Befreier kamen aber immer wieder Gegenstimmen, die von »Verrätern« sprachen. Es war unheimlich aufregend. Bisher war es unter Androhung schwerer Strafen verboten, solche Sender einzuschalten; gegen die offiziellen Nachrichten aber hatte ich größte Abneigung.

Seit der Machtergreifung Hitlers im Jahre 1933 wurde der Rundfunk dazu genutzt, nationalsozialistische Propaganda zu verbreiten, vor allem auch unter der Jugend. Ich erinnere mich an ein Erlebnis in der 3. Volksschulkasse. Alle Schulkinder wurden gemeinsam ins Gasthaus geführt, um dort an der Übertragung einer Führerrede teilzunehmen. Das bedeutete, länger als eine Stunde stillzusitzen und ununterbrochen eine schreiende, sich überschlagende Stimme anhören zu müssen. Für mich war das fürchterlich; denn ich war sehr bewegungshungrig. Dazu konnte ich von dem Gesprochenen kaum ein Wort verstehen; aber meine Ohren dröhnten von dem Geschrei. Das Ganze war für mich ein Alptraum.

Im Laufe der nächsten Jahre mußten wir noch ein paarmal ins Gasthaus und Hitlerreden anhören, z. B. 1935, als das Saargebiet wieder an Deutschland angegliedert wurde. Als die Rede zu Ende war, tollten wir schreiend durchs Dorf. Da rief mich unsere alte Nachbarin zu sich an den Gartenzaun und fragte, warum wir so fürchterlich lärmten. Ich antwortete ihr: »Die Saar ist wieder zu Deutschland gekommen.« Wahrscheinlich hatte aber nicht diese Nachricht unser johlendes Geschrei ausgelöst, sondern das lange Stillsitzen- und Zuhören-Müssen.

Zurück zum 28. April 1945: Für mich war es kaum zu glauben, daß aus einem Rundfunkgerät etwas Positives kommen könne, wie das jetzt mit den Aufrufen der »Freiheitsaktion Bayern« geschah. Wir standen wohl eine Stunde vor dem Radio und hörten die widersprüchlichsten Nachrichten. Frater Berschtl war nun noch weniger bereit, mit nach Dachau zu fahren. Ich aber wollte unbedingt noch einmal hin und mit eigenen Augen sehen, wie es den Häftlingen ging. Daher bedrängte ich ihn so, daß er sich entschloß, mich zu begleiten.

Auf der Landstraße hatte der Flüchtlingsstrom zugenommen. In Dachau erkundigten wir uns zuerst bei Frau Steinbüchler, was sie vom Lager wüßte. Sie berichtete, daß niemand aus ihrer Familie auf der Plantage gewesen war, seit ich sie mit Frater Gluth besucht hatte. Die Spannung im ganzen Ort sei ungeheuer. Man erwarte von Stunde zu Stunde fieberhafter, daß die Amerikaner von Ingolstadt her einträfen, um die Häftlinge zu befreien.

Wir fuhren weiter zum Lager. Auf der »Straße der SS« war es still und menschenleer. Auch die Wohnungen der SS-Familien waren wie ausgestorben. Der Eickeplatz machte den gleichen Eindruck. Die Post war abgesperrt, ohne einen erklärenden Hinweis an der Tür. Langsam fuhren wir an der Mauer und der Plantage entlang. Nirgends war ein Posten zu sehen.

Das war fast noch unheimlicher, als der Anblick der gewohnten Bewacher. Auch Schönwälder war nicht da, die Verkaufsstelle war geschlossen. Genauso ausgestorben wie die SS-Wohnungen wirkte das Verwaltungsgebäude gegenüber.

Wir kehrten um und schoben unsere Räder noch einmal die Mauer entlang. Da entdeckten wir ein offenes Tor. Vorsichtig gingen wir darauf zu, schauten hinein und sahen vor uns die Baracken. Als wir so ratlos dastanden, kam aus dem Hintergrund ein Häftling. Scheu wandte er sich uns zu und fragte in gebrochenem Deutsch, was wir wollten. Wir sagten ihm, wir hätten in der Eicke-Post Pakete aufgeben und dann in der Verkaufsstelle Schönwälder treffen wollen. Wir seien aber überall vor verschlossenen Türen gestanden. Während dieses Gesprächs kamen noch einige Häftlinge dazu. Es waren durchwegs Ausländer verschiedener Nationalität. Sie meinten, Schönwälder habe sich wahrscheinlich versteckt wie viele andere, die noch in die Freiheit kommen wollten. Ein großer Teil der Häftlinge sei heute morgen in Richtung Süden weggetrieben worden. Auch sie selbst hätten sich versteckt, um diesem Transport zu entgehen, der ihrer Meinung nach doch in den sicheren Tod führen müsse. Wir gaben unsere Pakete diesen Häftlingen, die sie mit großer Freude annahmen und sich herzlich bedankten. Dann verließen wir das verödete Gelände.

Ich bat Frater Berschtl, mit mir zu Frau Haaser zu fahren; es drängte mich, die gute Frau noch einmal zu besuchen. Er erfüllte mir zwar meinen Wunsch, begleitete mich aber nicht in die Wohnung. Ich wollte mich beeilen und bald wieder zurück sein. Das ging aber nicht so einfach. Frau Haaser freute sich sehr über mein Kommen, und drängte mich, mit ihr eine Tasse Tee zu trinken. So dauerte mein Besuch etwas länger. Ich sah Frau Haaser an diesem Tag zum letzten Mal. Als ich zu Frater Berschtl zurückkam, merkte ich seine Ungeduld. Ich entschuldigte mich und begründete mein langes Ausbleiben damit, daß ich Frau Haaser nicht kränken wollte, nachdem sie mir den ganzen Winter über soviel Gutes getan hatte. Lapidar gab er mir zur Antwort: »Ein Mann, ein Wort; eine Frau, ein Wörterbuch!« Ich mußte hellauf lachen. Das löste die leichte Verstimmung und wir traten den Heimweg an.

Ein letztes Mal fuhren wir auf der Landstraße von Dachau in Richtung Freising. Plötzlich sahen wir in größerer Entfernung vor uns ein langes, dunkles Band, das sich langsam vorwärtsschob. Erschrocken sagte ich zu Frater Berschtl: »Sind das da vorne nicht die Häftlinge, die in Richtung Süden getrieben werden?« Wir fuhren weiter und kamen diesem düsteren, schier endlosen Zug näher und näher. Schließlich konnten wir Menschen unterscheiden, erbarmungswürdige Elendsgestalten, die schmutzig-graue Decken umhängen hatten. Rechts und links von ihnen gingen SS-Wachen mit Peitschen. Die Gefangenen wirkten wie Greise, die am Zerbrechen waren, obwohl sie zumeist jüngeren und mittleren Alters sein mußten. Immer wieder versuchte einer aus dem Zug auszuscheren und sich erschöpft in den Straßengraben fallen zu lassen oder sackte gleich in der Reihe zusammen. Mit roher Gewalt zwangen die SS-Männer diese Armen zum Aufstehen und stießen sie mit Fußtritten und Schlägen in die Reihen zurück. Mit Peitschenhieben trieben sie die ausgemergelten Gestalten vorwärts. Wir stiegen ab.

Verzweifelt dachte ich: »Wo sollen denn die Häftlinge noch hin? Wo sollen sie bloß bei Nacht bleiben? Es ist doch bereits später Nachmittag.« Mir versagten beim Anblick dieses Massenelends die Nerven. Ich beugte mich über die Lenkstange meines Fahrrads und weinte hemmungslos. Nach einer Weile schrie mich Frater Berschtl an: »Los! Wir können doch nichts machen!« Er hatte recht. Ich riß mich zusammen und wir schoben unsere Räder an der langen Elendskette vorbei. Gott allein weiß, für wie viele Dachauer Häftlinge diese wahnsinnige Aktion noch den Tod bedeutete.

Auf dem weiteren Heimweg konnte ich kaum noch etwas wahrnehmen. Ständig sah ich den Zug der Häftlinge vor mir. Dieses Bild des Grauens hatte sich meiner Seele schmerzlich eingebrannt.

Am folgenden Tag, dem 29. April, wurde Dachau von amerikanischen Truppen eingenommen und das Konzentrationslager ohne deutsche Gegenwehr befreit.

Am 30. April wurde auch Freising besetzt, trotz sinnlosen Widerstandes der SS.

Jetzt gab es neue Probleme, die uns voll in Anspruch nahmen und die ganze Kraft forderten, doch die Sorge um das Schicksal der ehemaligen Häftlinge ging weiter mit mir. Von den Jesuitenfratres erfuhr ich, daß viele auf dem Todesmarsch starben, daß aber viele doch noch gerettet werden konnten.

Menschen, die mir viel bedeuteten

Im Laufe der Jahre lockerten sich meine Beziehungen zum ehemaligen Dachauer Personenkreis. Einiges kann ich jedoch über den weiteren Lebensweg jener Männer und Frauen berichten, mit denen ich vor allem bekannt wurde, sowie derer, die mir bei meinen Fahrten besonders tatkräftig geholfen haben. Obwohl sie in meinem Bericht bereits vorgekommen sind, soll noch einiges über ihre Person zusammenfassend gesagt werden.

Dr. Ferdinand Schönwälder

Einige Wochen nach der Übergabe von Freising an die Amerikaner kam überraschend Dr. Schönwälder nach Sankt Klara. Es war für uns und für ihn ein erschütterndes Erlebnis, daß er jetzt als freier Mann zu uns kommen konnte. Die Freude darüber war auf beiden Seiten groß. Frau Oberin Saba, Schwester Vigoris und ich saßen lange mit Dr. Schönwälder zusammen und ließen uns von seinen letzten Erfahrungen im Lager und von der Befreiung desselben durch die Amerikaner am 29. April er-

Dr. Ferdinand Schönwälder

zählen. Wir gaben ihm seine Aufzeichnungen zurück, die er mir — auf lose Blätter geschrieben — bei meinen Fahrten nach und nach anvertraut hatte.

Im Laufe der Zeit besuchte uns Herr Schönwälder noch zwei- bis dreimal in Sankt Klara. Im August bereitete ich mich auf meine Einkleidung vor, die am 28. 8. 1945 in der Pfarrkirche von Weichs stattfand. Zu dieser Feier hatte ich auch Dr. Schönwälder eingeladen. Frau Steinbüchler und ihre Tochter Christl, »das Engerl von Dachau«, begleiteten ihn. Sie brachten mir einen wunderschönen Strauß weißer Lilien und gelber Rosen. Christl trug ihr weißes Kommunionkleid und hatte für mich ein Gedicht gelernt. Dr. Schönwälder freute sich, bei dieser Gelegenheit auch meine Eltern persönlich kennenzulernen. Später machte er auch einmal in meiner Heimat Besuch.

Zu meiner Gelübdeablegung am 29. August 1946 kam Dr. Schönwälder wieder mit Frau Steinbüchler und Christl.

Ende März 1947 besuchte er mich an meinem Einsatzort Garmisch und nach 1948 am Mariahilfplatz in München, wo ich zu dieser Zeit meine Ausbildung zur Handarbeitslehrerin abschließen konnte. Damals dürfte die letzte persönliche Begegnung mit Dr. Schönwälder gewesen sein. Er schrieb mir zwar noch öfter, schickte mir ab und zu Zeitschriften, in denen Artikel von ihm veröffentlicht waren, gelegentlich bekam ich auch persönliche Grüße, doch der Kontakt wurde immer lockerer. Seit 1958 wirkte Dr. Schönwälder als Pfarrer in Gundihausen bei Landshut. Herr Wilhelm Haas und seine Frau Elisabeth äußerten wiederholt den Wunsch, mit mir dorthin zu fahren. Sie wollten mit ihm und mir zusammen über die Zeit sprechen, die er im KZ Dachau gemeinsam mit Karl Leisner, ihrem Schwager und Bruder, verbracht hatte. Leider verschoben wir diesen Besuch aus Zeitgründen immer wieder, bis es dann zu spät war. Dr. Schönwälder starb im März 1980.

Im Frühsommer 1986 luden mich Frauen aus Gundihausen zu sich ein. Ich sollte ihnen etwas aus der Häftlingszeit ihres ehemaligen Pfarrers erzählen. Bei dieser Gelegenheit stand ich erstmals am Grab von Dr. Schönwälder. Die Erinnerung an die Begegnungen vom Mai 1944 bis Ende April 1945 wurde wieder lebendig. In mein Gebet für ihn legte ich auch den Dank für alles, was er auf der Plantage unter ständiger Todesgefahr an Hilfsbereitschaft für seine Mithäftlinge eingesetzt hatte. Gott wird ihm alles vergelten.

Pater Stanisław Wolak OFMCap

In den Wochen nach dem Zusammenbruch Deutschlands im Mai 1945 fragte ich mich oft, ob und wie Pater Stanisław die Befreiung überstanden habe. Eines Tages fuhr ein amerikanischer Lastwagen in den Hof von St. Klara. Heute noch sehe ich Pater Stanisław vor mir, wie er fröhlich winkend auf dem Anhänger stand. Übermütig lachend sprang er herab und entschuldigte sich, daß er so lange nichts von sich habe hören lassen. Er hätte bis jetzt keine Gelegenheit gefunden, das Lager zu verlassen, um mit Amerikanern nach Freising zu fahren. Frau Oberin Saba, Schwester Vigoris und ich ließen uns von seinen Erlebnissen in den letzten Wochen berichten. Überglücklich über seine Befreiung und erfüllt von jugendlichem Enthusiasmus erzählte er von seinen Plänen, nach Australien auszuwandern. Er versprach, bald wiederzukommen oder wenigstens etwas von sich hören zu lassen. Es war jedoch unser letztes Wiedersehen; ich hörte auch nie mehr von ihm. Nach meinem Noviziat versuchte ich immer wieder, von Dr. Schönwälder etwas über Pater Stanisław zu erfahren, doch vergeblich.

Erst jetzt erbrachten Nachforschungen im Kapuzinerorden schließlich folgendes: Pater Stanisław Wolak, geboren am 8. 11. 1913 in Rozwadow, trat in den Kapuzinerorden ein und gehörte der Provinz Krakau an. Wahrscheinlich erst im Mai 1940 zum Priester geweiht, wurde er bereits im Juni 1940 verhaftet und ins KZ Auschwitz gebracht, von dem er im Dezember 1940 nach Dachau transportiert wurde.

Mitbrüder berichten, daß er nach seiner Befreiung im Jahre 1945 nach Australien ausgewandert sei, um dort den polnischen Emigranten als geschätzter und beliebter Seelsorger zu dienen. 1973 sei er verstorben.

Es ist mir sehr leid, daß ich nie mehr unmittelbar etwas von Pater Stanisław erfahren durfte, war er mir doch unter allen Häftlingen, mit denen ich bekannt wurde, nach Dr. Schönwälder und P. Pies der hilfreichste. Nie werde ich ihn vergessen können.

Pater Otto Pies SJ

Ende Mai oder Anfang Juni 1945 fuhr überraschend Pater Pies, begleitet von Stadtpfarrer Friedrich Pfanzelt von Dachau, mit einem

P. Otto Pies SJ

klapprigen Auto in Sankt Klara vor. Sie wollten Frau Oberin M. Saba und Schwester M. Vigoris kennenlernen und ihnen für alles Gute danken, das sie für die Dachauer Häftlinge getan hatten. Pater Pies erzählte vom Leben im Lager und dem Arbeitseinsatz auf der Plantage. Vom Komplex Dachau aus kam er auf das Unheil des Nationalsozialismus zu sprechen. Schließlich stellte er die Frage: »Wie konnte es mit Deutschland nur so weit kommen?« Dabei tat sich mir eine neue Erkenntnis auf: Während ich eine glückliche Kindheit und eine behütete Jugend verlebte, hatte ich alles, was durch den Nationalsozialismus geschah, in einem relativ engen Rahmen gesehen, viel zu wenig um die ganze Tragweite dieser furchtbaren Politik gewußt und ihre verbrecherischen Ausmaße nicht gekannt. Ich empfand ein brennendes Verlangen, wenigstens jetzt mehr zu erfahren. Je mehr ich nun von den grauenhaften Verbrechen dieser zwölf Jahre hörte und las, desto tiefer wurde meine Trauer, desto mehr vergrub ich meine Erinnerungen in mir.

In der Rückschau auf meine Fahrten bedeutete mir der Besuch von Pater Pies eine ganz besondere Freude. Er war von dem Augenblick an, an dem ich ihm erstmals in der Verkaufsstelle der Plantage bei Schönwälder begegnete, eine große Hilfe in diesem schweren Jahr. Obwohl selbst Häftling, strahlte er durch seine Persönlichkeit große Sicherheit aus und weckte Vertrauen. Wenn es ihm einigermaßen möglich war, kam er bei jedem meiner Besuche unter irgendeinem Vorwand in die Verkaufsstelle. Daß ich ihn jetzt in Freiheit erleben durfte, war für mich ein tiefes Erlebnis. Auch die Schwestern freuten sich, den Priester, von dem ich soviel erzählt hatte, nun persönlich kennenzulernen und seine Dankbarkeit zu erfahren.

Ausführlich erzählte Pater Pies, wie es ihm gelungen sei, mit Hilfe von Stadtpfarrer Pfanzelt und einigen Mitbrüdern seinen Freund Karl Leisner aus dem Lager herauszuholen und in das Lungensanatorium Planegg zu bringen. Beglückt berichtete er über die gute Aufnahme und Pflege bei den Barmherzigen Schwestern. Leider war es mir aus verschiedenen Gründen nicht mehr vergönnt, Karl Leisner persönlich kennenzulernen. Seit Vermittlung der Genehmigung zu seiner Priesterweihe bei Kardinal Faulhaber und der dafür nötigen Gegenstände fühlte ich mich diesem Dachauer Häftling in ganz besonderer Weise verbunden. Im Noviziat erfuhr ich von seinem Tod am 12. August 1945.

Weihnachten 1945 erhielt ich von Pater Pies einen Brief mit der Bitte, ich solle meine Erinnerungen an die Erlebnisse bei den Fahrten zur Plantage in Dachau doch schriftlich festhalten. Wie ich später erfuhr, hatte Wilhelm, der jüngere Bruder von Karl Leisner, diesen Wunsch Pater Pies gegenüber geäußert. Ich erschrak sehr, war es mir doch zu diesem Zeitpunkt unmöglich, mit jemandem darüber zu sprechen, geschweige denn davon zu schreiben. Ich war innerlich noch zu betroffen und wund, konnte noch nicht umgehen mit meinen Erinnerungen und hatte auch nicht den nötigen Abstand. So blieb dieser Wunsch zunächst unerfüllt. Anfang Januar 1946 wandte sich Pater Pies an unsere Generaloberin M. Almeda Schricker. Sie sollte mich bewegen, meine Erinnerungen an Dachau aufzuzeichnen. Ich entsprach ihrem Wunsch und schrieb, wenn auch schweren Herzens, meine Erlebnisse in kurzer Form nieder. Diesen Bericht nahm Pater Pies in sein Buch auf: »Stephanus heute. Karl Leisner, Priester und Opfer« (um 1950 bei Butzon & Bercker erschienen). Der Beitrag findet sich auf den Seiten 157—166. Wenn ich in den folgenden Jahren angesprochen wurde, etwas über meine Fahrten nach Dachau zu erzählen, verwies ich grundsätzlich nur auf dieses Buch über Karl Leisner. Außerdem veröffentlichte Pater Pies Ende der fünfziger Jahre meine Erinnerungen zusammen mit Berichten über andere Frauen, die unter ähnlich schwierigen Umständen viel Gutes für Dachauer Häftlinge getan hatten. Das kleine Heft trug den Titel »Schenkende Hände. Helferinnen der KZ-Priester«. Die Broschüre wurde an den Schriftenständen vieler Kirchen ausgelegt. Seit Jahren sind Buch und Kleinschrift jedoch vergriffen.

Pater Pies besuchte mich später noch einige Male in München-Au. Jede dieser Begegnungen war mir eine große Freude und die Gespräche mit ihm bedeuteten mir auch damals noch eine seelische Hilfe.

Pater Pies starb am 1. Juli 1960 in einem Mainzer Krankenhaus, erst 59 Jahre alt; in Münster liegt er begraben.

1987 wurde ich besonders lebhaft an ihn erinnert, als mir die Fotojournalistin Frau Rita Strothjohann Kassetten brachte, die von ehemaligen KZ-Priesterhäftlingen besprochen waren. Fast alle berichteten von dem gesegneten Wirken dieses Priesters in Dachau. Ausnahmslos stellten sie Pater Pies so dar, wie ich ihn erlebt und in Erinnerung behalten habe. Es beglückt mich sehr, daß meine eigene Wertschät-

Frater Erich Berschtl SJ

zung nach so vielen Jahren durch diese Männer so uneingeschränkt bestätigt wurde.

Frater Erich Berschtl SJ

Meine Dachauer Fahrten in Begleitung von Frater Erich Berschtl sind mir wegen der anregenden Gespräche noch heute in lebhafter Erinnerung. Nachdem ich ihm zum Beispiel erzählt hatte, daß ich bald Schulschwester werden und mein Noviziat beginnen möchte, gab er mir wertvolle Hinweise für diese Vorbereitungszeit. Er selbst hatte sein Noviziat unter Leitung von Pater Pies schon hinter sich.

Frater Berschtl erzählte mir auch von seiner Familie und seiner schlesischen Heimat, die er sehr liebte. Das heimatliche Spezialgericht »Schlesisch Himmelreich« konnte er mir mit allen Zutaten samt Zubereitung genauestens erläutern. Durch humorvolles und spannendes Erzählen brachte er mir seine Heimat so nahe, daß auch ich Schlesien lieben lernte.

Unsere Beziehung war kameradschaftlicher Natur. Älter als ich (Jahrgang 1919) und mir bildungsmäßig überlegen (Abitur und abgeschlossenes Philosophiestudium), reagierte er auf meine spontanen Zwischenfragen und Meinungen des öfteren mit milder Ironie, jedoch nie verletzend. Im September 1944 ging er zum Theologiestudium nach Maria Eck, kam aber im März 1945 wieder nach Freising. Genau zwei Jahre später erhielt ich durch Schwester Vigoris die traurige Nachricht, daß Frater Berschtl an einer fiebrigen Grippe im Jesuitenkolleg Pullach gestorben sei. Wie sollte ich das fassen? Der Krieg mit seinen lebensbedrohenden Gefahren war seit fast zwei Jahren zu Ende. Nun mußte dieser junge Kleriker an einer gewöhnlich nicht tödlichen Krankheit sterben. Sein überraschender Tod ging mir sehr nahe. Auf Bitten von Schwester Vigoris beschrieb ich für den Nachruf seine selbstlose Hilfstätigkeit für die im KZ Dachau gefangenen Mitbrüder. Als ich 1951 im Jesuitenfriedhof Pullach an seinem Grab stand, wurde die Erinnerung an unsere gefährlichen Fahrten und unsere Verbundenheit schmerzhaft, aber doch abgeklärt in mir lebendig.

Pater Kaspar Quirmbach, Pallottiner

Schon 1942 lernte ich Pater Quirmbach bei Vorträgen in der Hauskapelle von Sankt Klara kennen. Seine Spiritualität entsprach meinem

P. Kaspar Quirmbach SAC

jugendlichen religiösen Empfinden. Persönlich wirkte er damals jedoch auf mich fast unnahbar. Umso mehr war ich überrascht, als er sich bereit erklärte, mich im September 1944 mit dem Fahrrad nach Dachau zur Plantage zu begleiten. Er war an diesem Tag der gleichen Belastung ausgesetzt wie ich; das schuf eine gewisse Gemeinsamkeit. Unterwegs erzählte er mir von seinen in Dachau inhaftierten Mitbrüdern. Einer von ihnen stand im Arbeitseinsatz in der Pfeffermühle. Von dort konnte er unmöglich ins Verkaufsbüro kommen. So versuchten wir, ihn in der Pfeffermühle zu treffen, die auf freiem Gelände stand und dauernd bewacht war. Mit äußerster Nervenanspannung gingen wir an einem Posten vorbei, als wären wir ganz legal hier. Den Kapo am Eingang ignorierten wir ebenso, auch er hielt uns nicht auf. Es war kaum zu glauben. Bei späteren Besuchen in der Pfeffermühle hatte ich für den Kapo, der ja selbst Häftling war, immer ein Päckchen Zigaretten dabei.

Pater Quirmbach konnte bei diesem Besuch kurz mit seinem Mitbruder verhandeln; ich hielt mich im Hintergrund. Wie mir mein Begleiter hernach sagte, war das Hauptthema des Gesprächs die Versorgung mit Lebensmitteln; denn nur bei solcher Hilfe konnte ein Häftling auf das Überleben hoffen. Von dem gefährlichen Gang zur Pfeffermühle waren wir so erschöpft, daß wir auf der Heimfahrt eine kleine Rast einlegten. Da passierte dann die schon geschilderte Apfelgeschichte.

Doch nicht nur der gemeinsamen Fahrten wegen ist mir Pater Quirmbach heute noch klar in Erinnerung; ich schätzte und verehrte ihn als Priester und Ordensmann. Seine väterliche Güte und sein Verständnis für junge Menschen empfand ich wohltuend. Bevor ich ins Noviziat ging, ermunterte er mich humorvoll, in meinem klösterlichen Leben und Streben so natürlich zu bleiben, wie er mich kennengelernt habe.

Am 13. Juni 1966 hat Gott Pater Quirmbach heimgeholt. Ein Mitbruder sandte mir ein Sterbebild. Über den Tod hinaus bleibt mir die Erinnerung an diesen vorbildlichen Priester.

Familie Steinbüchler

Wie aus meinem Bericht schon hervorgeht, war mir ab November 1944 das Heim der Familie Steinbüchler in Dachau eine Oase, wo ich mich bei meinen Fahrten erholen und offen aussprechen konnte.

Frau Steinbüchler war 1943 erstmals auf die Plantage gekommen. In der Folgezeit fuhren ihre Kinder, Annelies (16), Willi (14) und Christl (10) gelegentlich mit dem Fahrrad dorthin, um in der Verkaufsstelle heimlich Lebensmittel abzugeben, die sich die Familie vom Mund abgespart hatte. Die meisten Fahrten machte Christl. Das kleine Mädchen fiel weniger auf; vermutlich hatte sie auch die meiste Zeit dazu. Sie fuhr von sich aus gern zu den Häftlingen. Ein paarmal hörte ich sie betteln: »Mutti, hast du nichts für die Häftlinge?« Ob auch Herr Steinbüchler zur Plantage kam, weiß ich nicht. Jedenfalls war er ein überzeugter Gegner des Nationalsozialismus, was ein noch erhaltenes Dokument aus dieser Zeit beweist.

Frau Steinbüchler lernte ich mehr und mehr als kluge, einfühlsame und hilfsbereite Frau kennen und schätzen. Sie kam im Herbst 1944 zu uns nach Freising, und im Büro von Frau Oberin Saba berieten wir mit ihr und Schwester Vigoris, wie wir in der Folgezeit den Häftlingen noch besser helfen könnten. Frau Steinbüchler hatte einen Vorschlag. Ihr Mann arbeitete in der Fleischfabrik Wülfert. Von dort brachte er Abfallfett mit, das sie mit großer Mühe aufbereitete und uns zum Kochen anbot. Wir konnten so das auf Lebensmittelmarken erworbene Fett sparen und es zum Backen von Hefezöpfen für die Häftlinge verwenden.

Frau Steinbüchler

Herr Steinbüchler

Christl Steinbüchler

Anneliese Steinbüchler

Die Deutsche Arbeitsfront

Gau München-Oberbayern

Anschrift des Kreises: Dachau, Ludwig Thomastraße 4a • Drahtanschrift: Arbeitsfront-Dachau
Telefon: Nr. 432

Kreis:
Dachau

Dachau, den 25.9.35.
Ludwig Thomastraße 4a

Herrn
Josef S t e i n b ü c h l e r
D a c h a u

Auf Grund einer Vertrauensratssitzung in dem Betrieb der Firma Wülfert am 25. ds. kam zur Aussprache, dass Sie in dem Betrieb dauernd gegen den nationalsozialistischen Staat und dessen Einrichtung, sowie gegen den Betriebszellenobmann T a u t sich immer in einer abfälligen und kritisierenden Weise äussern.
Auf Grund des Gesetzes zur Ordnung der nationalen Arbeit ist eine derart schädigende Handlungsweise für die Betriebsgemeinschaft zu verwerfen und ich warne Sie zum letzten Mal, Ihr hetzerisches Treiben aufzugeben.
Sollte der Betriebsfrieden nicht gewahrt bleiben und Sie als Störenfried noch einmal an die Oberfläche tauchen, so sehe ich mich gezwungen, rücksichtslos gegen Sie einzuschreiten.
Wir dulden nicht, dass das, was unser Führer Adolf Hitler aufbaut sowie seine Einrichtung von Menschen, die für den nationalsozialistischen Staat bisher noch wenig oder garnichts übrig gehabt haben, verschmäht und bekritelt wird.
Das Ihnen zur gef. Kenntnisnahme.

Heil Hitler!

Die Deutsche Arbeitsfront Gau M.-Obb. Kreis Dachau

Maslinger
Kreiswalter.

Nach dem völligen Zusammenbruch des »Tausendjährigen Reiches« hörten wir zunächst nichts mehr voneinander. Umso mehr freute ich mich, als Frau Steinbüchler mit ihrer Christl zu meiner Einkleidungsfeier und ein Jahr später zur Gelübdeablegung nach Weichs kam. Nachdem ich 1948 nach München versetzt worden war, besuchte sie mich jahrelang regelmäßig. An meinen Schwesternnamen konnte sie sich nicht gewöhnen. Für sie blieb ich die »Mädi«. Sie sprach das Wort mit einer so unverwechselbar liebevollen Betonung aus, wie das niemand sonst konnte. Als ihre beiden nun verheirateten Töchter ihr nach und nach drei Enkelkinder schenkten, war sie so beschäftigt, daß unsere in schicksalsschwerer Zeit geknüpfte Beziehung vorübergehend abriß.

Völlig unverhofft begegnete mir im April 1962 Frau Steinbüchler an der Pforte des Drittordens-Krankenhauses München-Nymphenburg. Damals lag Christl auf der Inneren Station. Frau Steinbüchler versorgte während dieser Zeit die Kinder ihrer erkrankten Tochter.

Sofort besuchte ich Christl. Trotz schwerer Krankheit wirkte sie jugendlich, heiter. Immer noch hatte sie ihr charakteristisches Lächeln in

◁ *Dokument aus der NS-Zeit*

den Augen und Mundwinkeln. Wir freuten uns beide über die unerwartete Begegnung und schauten zusammen die Fotos ihrer zweijährigen Tochter Gertrud an. Christl war sehr glücklich über ihre beiden Kinder und hoffte, bald gesund heimkehren zu dürfen. Wir sollten uns jedoch nicht mehr sehen. Kurze Zeit danach erhielt ich von Frau Steinbüchler die Nachricht, daß Christl, erst 27jährig, heimgegangen sei.

In der Folgezeit besuchte mich Frau Steinbüchler wieder regelmäßig. Es tat uns beiden gut, über die Vergangenheit zu sprechen, besonders über die Zeit, in der Christl als »Engerl von Dachau« vielen Häftlingen Licht in die Dunkelheit ihrer Tage bringen durfte. Und die Mutter konnte über den schmerzlichen Verlust ihrer jüngsten Tochter reden.

Durch die Betreuung ihrer Enkelkinder war Frau Steinbüchler später wieder so stark beansprucht, daß sich unsere Beziehungen in den folgenden Jahren lockerten. Ich behielt aber die gute Frau in Dankbarkeit und Hochachtung im Gedächtnis. Von ihr, die am 15. April 1975 ihrer Tochter Christl in die Ewigkeit folgte, gilt das Wort der Schrift: »Sie öffnet ihre Hand dem Bedürftigen und reicht ihre Hände den Armen. Eine Frau, die Gott fürchtet, sie verdient Lob« Spr 31,20.30.

Frau Oberin M. Saba Gigl und Schwester M. Vigoris Wolf

Von 1942 an war ich als Kandidatin zur Betreuung von Waisenkindern und zum Erlernen des Schneiderhandwerks in Freising-Sankt Klara. Die Leitung des Hauses hatte Frau Oberin M. Saba Gigl. Ihr stand Schwester M. Vigoris Wolf zur Seite. Erst etwa 40jährig, war sie wie viele klösterliche Lehrerinnen vom Abbau aufgrund der nationalsozialistischen Gesetze betroffen. Neben der Mitsorge um die Waisenkinder, die alten Schwestern und den landwirtschaftlichen Betrieb nahm sie sich in besonderer Weise um uns vier Kandidatinnen an. Sie regelte unseren Arbeitseinsatz und gestaltete mit uns die Freizeit. In offenen Gesprächen bemühte sie sich, uns eine wirklichkeitsbezogene Sicht unseres künftigen Lebens als Ordenschristen zu vermitteln.

Die an allem Zeitgeschehen sehr interessierte Frau hielt uns über die politischen Ereignisse und das Kriegsgeschehen auf dem laufenden, sprach auch mit uns über die Weltanschauung des Nationalsozialismus und seinen Plan, das Christentum zu vernichten und dafür eine neuheidnische germanische Religion einzuführen. Trotz ihrer entschiedenen Gegner-

schaft zum Nationalsozialismus mahnte sie uns zur Zurückhaltung und zu vorsichtigem Verhalten in der Öffentlichkeit. Als ich zum Beispiel an Fronleichnam 1944 in meinem schwarzen Kandidaturkleid an der Prozession teilnehmen wollte, ließ sie es nicht zu. Sie meinte, mein Bekennermut sei in diesem Fall unklug und überzogen.

Kraft und Zuversicht schöpften wir aus dem gemeinsamen Beten. Großer Trost kam mir aus dem Psalmwort zu; »Wer im Schutz des Höchsten wohnt und ruht im Schatten des Allmächtigen, der sagt zum Herrn: Du bist für mich Zuflucht und Burg, mein Gott, dem ich vertraue« (Ps 91 im kirchlichen Nachtgebet). So machte ich meine ersten beglückenden Erfahrungen mit dem liturgischen Gebet.

Schwester Vigoris war eine starke, intelligente Frau. Wir liebten und verehrten sie. Nach meiner ersten Fahrt zur Plantage und der Schilderung der entsetzlichen Zustände im KZ beschlossen Frau Oberin Saba und Schwester Vigoris sofort, das Menschenmögliche für die

◁ *Am Eingang zum Kinderheim Freising: 2. Schwester von links: Frau Oberin M. Saba Gigl, untere Reihe links außen: Josefa Mack*

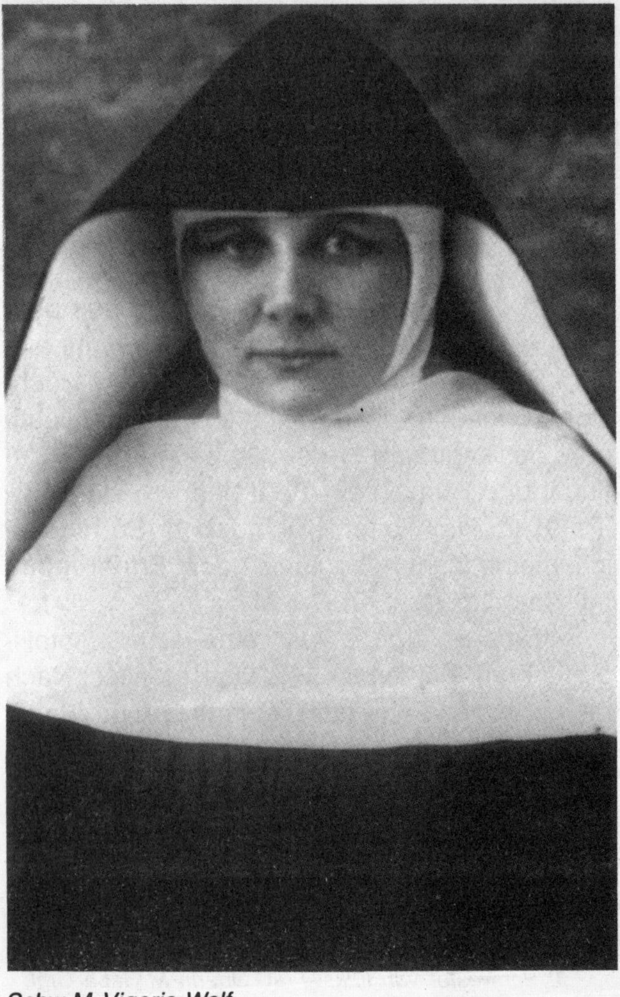

Schw. M. Vigoris Wolf

Gefangenen zu tun. Wie schwer die beiden Schwestern an ihrer Verantwortung für mich während meines »Dachauer Jahres« trugen, erfuhr ich erst später. Sorge und Angst um mich hatten Tag und Nacht auf ihnen gelastet.

Jahrzehnte später besuchte ich mit dem Ehepaar Haas Schwester Vigoris in Pullach. Schwester und Schwager von Karl Leisner wollten sie kennenlernen. Bis zu ihrem Tod 1980 blieb ich Schwester Vigoris eng verbunden, in liebender Erinnerung bin ich es immer noch.

Frau Oberin Saba war schon 1958 gestorben. Wie Schwester Vigoris war sie eine Frau mit weitem, hilfsbereitem Herzen. Sie half nicht nur in den schweren Jahren des Krieges den Opfern des KZ-Terrors, sondern unterstützte auch danach Ausgebombte, Flüchtlinge und heimkehrende Soldaten.

Beiden Schwestern gemeinsam war das unerschütterliche Gottvertrauen, mit dem sie die schwere Zeit bestanden. Man kann es heute kaum begreifen und verständlich machen, daß diese Schwestern die ungeheuere Last der Verantwortung auf sich nahmen und mich regelmäßig in das gefährliche Abenteuer meiner Fahrten nach Dachau entließen. Es waren außergewöhnliche Zeiten, die außergewöhnliche

Verhaltensweisen erforderten und rechtfertigten.

Man mag es als eigenartige Fügung betrachten: Obwohl die Lebenswege von Frau Oberin Saba und Schwester Vigoris bald nach dem Krieg auseinanderführten und zwischen ihren Sterbedaten mehr als 20 Jahre liegen, ruhen beide im Münchener Ostfriedhof nebeneinander. Gern stehe ich an ihren Gräbern und denke an die Ereignisse zwischen 1944 und 1945 zurück. Ich fühle mich den beiden Schwestern zu bleibendem Dank verpflichtet.

Noch manche Namen wären hier zu erwähnen, doch das würde den Rahmen dieser Aufzeichnungen zu sehr ausweiten. In meine Erinnerung aber haben sich alle, die mir bei meinen Fahrten zur Plantage des Konzentrationslagers Dachau irgendwie beigestanden sind, unvergeßlich eingeschrieben. Auch diesen Ungenannten gilt mein Dank.

Ein Blick zurück

Menschen, die von meiner »Dachauer Zeit« hören, fragen häufig: »Waren Sie sich der Gefahren überhaupt bewußt, auf die Sie sich eingelassen haben? Lebten Sie nicht in dauernder Angst?«

Wenn ich darüber nachdenke, muß ich sagen, daß die Angst durchaus nicht mein ständiger Begleiter war. Bis ich mich in dem freiwillig übernommenen Auftrag zurechtgefunden hatte, gab es soviel Neues und Erregendes, daß Furcht zunächst nicht aufkam.

Es waren jeweils besondere Anlässe, die mich zeitweise in große Angst, ja in Schrecken versetzten, zum Beispiel als mir Herr Schönwälder voll Entsetzen klarmachte, wie gefährlich es gewesen sei, mich mit einem SS-Mann zu unterhalten; dann als plötzlich ein Posten vor mir auftauchte und den Ausweis verlangte; wiederum als Herr Beer mir das Haus verbot und als sich seine eigene Angst auf mich übertrug; ferner als mir bekannt wurde, daß auf das Befördern illegaler Briefe die Todesstrafe stand und schließlich als der Typhus im Lager wütete, der von den Häftlingen mehr gefürchtet wurde als alles andere.

Je mehr ich vom Hunger und dem unsagbaren Elend der Gefangenen hörte, desto mehr verflog die Angst und wuchs der Wille, mich restlos für sie einzusetzen. Immer neu spornte mich auch die Dankbarkeit dieser geschundenen Menschen an, die sie bei jeder Gelegenheit zum Ausdruck brachten, zum Beispiel als mir einer von ihnen die wunderschönen Azaleen für meine Eltern mitgab.

Und merkwürdig! Wie zum Ausgleich gegen die übergroßen physischen Strapazen und die seelische Belastung erlebte ich auf meinen Fahrten an manchem Frühlings- oder Sommertag, aber auch bei Rauhreif im Winter die Schönheit der Natur wie nie zuvor. Deutlich erinnere ich mich, wie die blühenden Fliederbüsche eines Vorgartens einen Wunschtraum in mir weckten, der mich, wenigstens für kurze Zeit, das Elend vergessen ließ: Wie schön müßte es sein, ohne Bedrohung durch das Kriegsgeschehen und ohne Angst um die leidenden Menschen auf frischer, froher Fahrt die Wunder in Gottes herrlicher Welt bestaunen zu können! Die Hoffnung ging nicht unter, daß der Traum eines Tages Wirklichkeit würde.

Auch das Gefühl, bei der gefährlichen Aktion nicht allein zu sein, war eine große Hilfe. Ich fand gute Begleiter und wenn ich nach anstren-

Schw. M. Imma Mack heute

gender, riskanter Fahrt heimkam, durfte ich im Kloster Geborgenheit erfahren; alle Schwestern standen hinter meinem Tun und unterstützten mich nach Möglichkeit.

Freilich, Ruhe und Kraft strömten mir aus noch tieferer Quelle zu. Meine Eltern hatten mir selbstverständliche Gläubigkeit und schlichte Frömmigkeit vermittelt. Bei uns zu Hause wurden keine langen Gebete gesprochen, und wurde auch nicht viel von Gott geredet; aber das ganze Tun und Sein war vom Glauben durchdrungen und vom Gebet getragen. In der religiösen Atmosphäre von Sankt Klara wuchsen und festigten sich der Glaube und das Vertrauen auf Gott. Unter seinem Schutz hoffte ich, irgendwie durchzukommen. Und ich habe gebetet. Schon am Morgen bei der heiligen Messe in der Klosterkapelle von Sankt Klara flehte ich innig um Hilfe für die Dachauer Häftlinge, um Schutz für die Schwestern des Hauses und auch für mich selbst. Auf dem Weg zum Bahnhof kam ich dann an der Münchner Kapelle beim Vinzentinum vorbei. Von Anfang an hatte ich es mir zur Gewohnheit gemacht, in

◁ *Gnadenbild in der Münchner Kapelle in Freising*

dieses kleine Heiligtum zu gehen und der Gottesmutter meine Fahrt zu empfehlen, sie um Schutz und Hilfe anzuflehen. Von ihr nahm ich Trost und Vertrauen mit. Als ich einmal vorbeifahren wollte, weil das Fahrrad übermäßig schwer bepackt war und ich das schwierige Ab- und Aufsteigen vermeiden wollte, zog es mich wie mit unsichtbarer Macht zurück. Nach dem Besuch der Kapelle fuhr ich getröstet weiter. Viel betete ich auf dem Weg zum Lager, von Herzen dankte ich jedesmal Gott, daß ich die Fahrt gut überstanden hatte.

Dieser Dank geht durch mein Leben weiter. Ich kann ihn nicht besser ausdrücken als mit Worten aus Joachim Neanders Kirchenlied:

Lobe den Herren, der alles so herrlich regieret,
der dich auf Adelers Fittichen sicher geführet, ...
In wieviel Not hat nicht der gnädige Gott
über dir Flügel gebreitet?«

Anhang

[1] Pater Otto Pies berichtet in seinem Buch »Stephanus heute« (S. 154 f.) wissenswerte Voraussetzungen für das Verständnis meiner Erinnerungen:

»Schon lange hatten die Priester beständige Verbindung mit der Außenwelt durch Vermittlung von Zivilisten, die an den Arbeitsstätten mit den Häftlingen zusammenkamen und sogar auch durch einige SS-Männer, die, zur SS gezwungen, innerlich mehr auf seiten der Häftlinge als auf seiten der Partei standen. Außerdem gab es ein »kleines Türchen zum Leben« auf der Plantage, den berüchtigten Gewürz- und Versuchsfeldern der SS. Dort arbeitete in der Verkaufsstelle ein junger Priester unter Aufsicht eines von der SS angestellten Gärtners. Dieser Aufseher hielt, wenn auch vorsichtig, so doch vertrauenswürdig zu den Gefangenen und ließ es zu, daß in der Verkaufsstelle, unter dem Vorwand des Verkaufs von Samen und Pflanzen, Angehörige und Freunde von den Gefangenen zu Besuch kamen und Besorgungen vermitteln konnten.

Dieses Tor zum Leben war nur ganz wenigen Zuverlässigen und Eingeweihten bekannt. Aber durch dieses Tor gingen ständig Nachrichten hin und zurück, kamen Lebensmittel, Medikamente und andere Gegenstände herein. Es war eine großartig organisierte, ... heimliche Selbsthilfe, durch die ungemessener Segen vermittelt wurde, ohne daß die wachhabenden SS-Männer oder Aufseher jemals etwas davon erfahren hätten. Durch diese Verbindungsstelle wurde auch die Verbindung mit dem Erzbischof von München aufgenommen und wurden die für die Weihe (von Karl Leisner) erforderlichen Gegenstände hereingebracht.

Es war vor allem ein junges Mädchen, eine Ordenskandidatin der Schulschwestern in Freising, die in kindlicher Sorglosigkeit und hochherzigem, auf Gott vertrauendem Wagemut die schwierigen und gefahrvollen Wege zum Lager und die entscheidenden Besorgungen durchführte. Es ist das Mädchen, von dem Kardinal Faulhaber 1945 sprach, als er in einer Rede den Heldenmut pries, mit dem ein junges Mädchen ... die Vermittlung bei der Erteilung der Priesterweihe und Bekämpfung der größten Not im Lager Dachau besorgt hat. Diese Kandidatin hat es übernommen, die schwierige Verbindung zwischen dem Priesterblock und dem Hochwürdigsten Herrn Kardinal sowie überhaupt mit der Heimat aufzunehmen...«

[2] KL war die damalige amtliche Abkürzung für Konzentrationslager.

[3] Die »Pfeffermühle« war ein großer Holzschuppen, in dem die auf der Plantage geernteten Kräuter und Gewürze aufbereitet und für den Verkauf verpackt wurden.

[4] Pater Zawacki SJ hat diesen Besuch bei Kardinal Faulhaber in seinen »Erinnerungen an die letzten Monate des zweiten Weltkriegs«, die er 1968 für die »Dachauer Rundbriefe« aufzeichnete, so geschildert:

»Im Lager sollte eine Priesterweihe vorgenommen werden. Das war möglich, da auch ein französischer Bischof inhaftiert war. Für die Weihe war eine Erlaubnis des Erzbischofs von München-Freising notwendig, sowie die heiligen Öle und einiges andere. Die für diese Aufgabe tätige Mittelsperson war ein sehr junges Mädchen, Josefa Mack, Postulantin der Armen Schulschwestern von U. L. Fr. im Filialkloster in Freising, Sankt Klara. Ich wußte von ihrer Tätigkeit, sonst aber arbeitete jeder aus Sicherheitsgründen für sich allein. In diesem Fall sollte ich allerdings mit ihr gemeinsam zum Bischof gehen und ihm die

Bitte der Häftlinge vortragen, sowie das Mädchen vorstellen und als vertrauenswürdig empfehlen. Kardinal Faulhaber empfing uns sehr gütig und verständnisvoll. Nachdem ich ihn kurz informiert hatte, erklärte er sich einverstanden, und ich brauchte mich mit der Angelegenheit nicht mehr zu befassen. Ich hörte erst später, daß alles geglückt war.«

5 Bericht von Dr. Ferdinand Schönwälder in »Stephanus heute«, S. 155 ff. (sprachlich leicht überarbeitet und inhaltlich etwas gekürzt):

»Es war an einem nebligen, grauen Novembermorgen (23. 11.) des Jahres 1944, als mir Pater Pies mitteilte, er wolle nun alles daransetzen, daß sein Freund Leisner noch in diesem Jahr die Priesterweihe erhalte. Ich konnte es kaum fassen. Aber Pater Pies hatte öfter außergewöhnliche Einfälle ... Wir standen zu Arbeitskommandos formiert auf dem Appellplatz und warteten auf die Posten, die uns zur Arbeitsstelle begleiten sollten. Pater Pies weihte mich in seinen Plan ein. Ich sollte helfen, die Verbindung mit der Außenwelt herzustellen. Damals hatte ich einen Posten inne, der mir Gelegenheit gab, mit Zivilisten zusammenzukommen. Ich hatte auch schon, dank der Vorsehung Gottes, eine feste und ständige Verbindung mit dem Kloster der Armen Schulschwestern in Freising... Jede Woche kam von dort eine Kandidatin, die jetzige Schwester Imma, von uns mit dem Decknamen »Mädi« bedacht. Sie brachte für polnische Häftlinge Lebensmittel, für die Geistlichen auch Hostien, so daß diese im geheimen zelebrieren und die Kommunion an andere Häftlinge weitergeben konnten... Mädi mußte zur Ermöglichung der Priesterweihe von Karl Leisner zwei wichtige Briefe herausschaffen, einen an Kardinal Faulhaber, den anderen an den Jesuitenfrater Zawacki. Letzterer enthielt die Bitte, Mädi zu Kardinal Faulhaber zu begleiten und dort ihre Glaubwürdigkeit zu bekräftigen. Dieser gab die erbetene Bewilligung überraschend schnell. Im Lager befand sich damals der französische Bischof von Clermont-Ferrand/Frankreich, Gabriel Piguet, der die Weihe vornehmen sollte. Sie wurde auf den 3. Advent-Sonntag des Jahres 1944 festgesetzt. Der Priesterkandidat lag damals schwer krank im Revier.

Pater Pies pflegte ihn mit hingebungsvoller Liebe. Für die nötigsten Arznei- und Lebensmittel sorgte Frau Oberin Saba von Freising mit ihren Schwestern. Mädi kam sogar zweimal wöchentlich, hochbepackt mit Arzneien und Lebensmitteln. Mir kam es manchmal vor, daß sich die Schwestern vieles vom Mund abgespart hatten. Eine Woche vor der Priesterweihe konnte Leisner ein bißchen im Revier herumgehen. Jetzt fehlten nur noch die nötigen geweihten Öle und liturgischen Bücher. Mädi vermittelte auch dies, und wir brachten sie auf Schleichwegen ins Lager.

Der Diakon Karl Leisner wurde — wie geplant — am 3. Advent-Sonntag zum Priester geweiht. Sein Primizsegen galt auch den Schwestern aus Freising, insbesondere unserem tapferen Mädi...«

[6] Der heilige Tharzisius oder Tarsitius (= »Ich bin mutig.«) lebte der Legende nach im 3. Jahrhundert in Rom. Der Zwölfjährige soll Ministrant gewesen sein und nach der Messe, in einer Kapsel unter seinem Gewand verborgen, konsekrierte Hostien zu den gefangenen Christen getragen haben, die im Kerker auf ihre baldige Hinrichtung warten mußten. Unterwegs soll er eines Tages vom heidnischen Pöbel überfallen und erschlagen worden sein.

Fotonachweis:

Archiv der A. Schulschwestern v. U. L. Fr. und Aufn. von Rita Strothjohann: Seite 2, 14, 16, 26, 35, 64, 71, 81, 118, 123, 128, 131, 135, 136, 140, 142, 147, 148

Archiv der KZ-Gedenkstätte Dachau: Seite 31, 32, 36, 54, 108

Bitte beachten Sie
die folgenden Seiten

Gerald Fleming

Hitler und die Endlösung

»Es ist des Führers Wunsch...«

Ullstein Buch 33083

Zeitgeschichte

»Daß dieses Buch auf einer wahrhaft großartigen und zähen Forschungsarbeit beruht, spürt man auf nahezu jeder Seite ... Mit diesem Buch haben Sie sich ein sehr großes Verdienst erworben ...«
Golo Mann an Gerald Fleming

Heinrich Graf von Einsiedel

Tagebuch der Versuchung

1942 bis 1950

Ullstein Buch 33046

Zeitgeschichte

Karl Jaspers schrieb 1951, nach Erscheinen dieses Buches, an den Autor: »Ich schreibe Ihnen als Leser Ihres Buches ›Tagebuch der Versuchung‹, einfach um Ihnen zu danken. Es ist keine schöne Lektüre. Sie ersparen dem Leser nichts. Aber daß Sie in rückhaltloser Ehrlichkeit schreiben . . . Widersprüche nicht scheuen, Ihre Wandlungen offenbaren, das, scheint mir, muß den Leser, je länger er liest, um so mehr befriedigen . . . Ihr Buch wirkt als Dokument einer von allen Befangenheiten sich befreienden Seele in den Jahren des versinkenden Deutschlands . . .«